KB089249

서른살이 되기 전에 알았으면 변했을
작은 습관

: 20대, 나만의 습관을 만들어라

20대, 나만의 습관을 만들어라

서른살이 되기 전에 알았으면 변했을

작은
습관

| 강준린 편저 |

진정한 행복이란 자신에게 가장 적합한 '삶의 방식'을 찾아내는 것이다

학창 시절에는 학력이나 체력에 큰 차이가 없었지만, 20년이나 30년 후에는 천양지차로 벌어지는 경우가 많다.

어떤 사람은 보람있는 일을 하며 풍성한 인간관계를 구축해 나가고 경제적으로도 혜택을 받아 차근차근 자신의 꿈을 실현해 나간다.

하지만 어떤 사람은 일이나 인간관계 또는 경제적으로도 파경을 맞는 경우가 있다.

그렇다면 왜 이런 차이가 나타나는 것일까.

그것은 첫째도 둘째도 자신의 '삶의 방식'에 커다란 차이가 있기 때문이다.

따라서 자신의 '삶의 방식'만 제대로 발견한다면 길을 잘못 들 염

려는 줄어든다.

가령 도중에 다른 길로 돌아가더라도 최종적으로는 충실한 인생을 걸어갈 수 있을 것이다.

그러나 자신의 '삶의 방식'을 알지 못한 채 살아간다면 일시적으로 '성공'을 거둘 수는 있어도 오래 지속할 수 없을 뿐 아니라 결국 "이럴 리가 없는데…" 하고 후회할 날이 반드시 온다.

나이를 먹고 나서 과거에 '성공'이라고 생각했던 것이 사실은 성공도 아니고 아무 것도 아니라는 것을 알게 되어도 때는 이미 늦다.

따라서 자신의 '삶의 방식'은 적어도 서른 살까지는 발견하는 것이 좋다.

물론 40대, 50대가 되고 나서 발견하는 것이 늦다는 것은 결코 아니다.

그러나 발견하는 것이 늦어지면 늦어질수록 수정하기가 어려워진다.

그러므로 삶이 유연하다고 할 수 있는 서른 살까지 발견하는 것이 단연 좋은 것이다.

바꾸어 말하면 서른 살까지는 있는 힘껏 여러 가지 일에 도전하여 자신에게 가장 적합한 '삶의 방식'을 찾을 수 있는 시기라고 할 수 있다.

자신에게 맞는 직업이라고 생각되면 전직을 하는 것도 좋을 것이다.

또 돈을 모아 유학을 가거나 아르바이트를 하며 자신의 꿈을 추구해 나가는 것도 좋을 것이다.

사정이 허락한다면 전 세계를 유랑하며 돌아다니는 것도 괜찮은 일인지도 모른다.

　다만 그런 과정을 거쳐 일생의 '삶의 방식'을 발견하는 것이 중요하다.

　요컨대 진정한 행복이란 자신에게 가장 적합한 '삶의 방식'을 찾아내는 것이다.

　따라서 이 책에서 소개하는 다양한 습관을 참고로 하여 자신에게 가장 적합한 '삶의 방식'을 찾아내기 바란다. 아울러 독자 여러분의 성공을 간절히 기원한다.

습관 1
20대에 반드시 익혀 두어야 할 작은 습관

습관 2
자신을 변화시키기 위한 작은 습관

습관 1

20대에
반드시 익혀 두어야 할
작은 습관

습관의 힘을 기르자

도저히 할 수 없는 일이라도
'습관의 힘'으로 달려들면 쉽게 할 수 있다

습관은 본인의 노력 여하에 따라 충분히 바꿀 수 있다.

바뀌지 않는다면 스스로 '바꾸지 않겠다'고 작정했거나 노력하고 있지 않거나 둘 중 하나일 것이다.

그러나 일단 몸에 밴 습관은 단번에 바뀌지는 않는다.

바꾸려면 노력이 필요한데, 특히 처음에는 많은 노력이 필요하다.

예를 들어 책 읽는 것을 싫어하는 사람이 있다고 가정해 보자.

자신을 향상시키려면 독서는 필수라고 할 수 있는데, 이 사람은 독서하는 습관을 갖고 있지 않다.

책을 읽어보려고 굳게 결심하지만 책을 펼치기만 해도 머리가 지끈거리는 판국이다.

이런 사람에게 책 읽는 것을 좋아하라고 아무리 말한들 헛수고이다.

무리하게 책을 읽게 하면 오히려 점점 독서를 싫어하게 될 것이다.

그렇다면 이 사람이 독서하기를 싫어하는 습관은 절대 고칠 수 없는 것일까?

그렇지는 않다.

사실은 좋은 방법이 있다.

그것은 다름 아닌 습관의 힘을 빌리는 것이다.

사람은 누구나 같은 일을 반복하면 그것이 잠재의식에 심어져 결국에는 '제2의 천성'이 된다.

즉, 습관이 된다.

예를 들어 어떤 음악을 매일 들으면 그냥 가만히 있어도 그 멜로디가 떠오른다.

다시 말해서 그 멜로디가 잠재의식에 심어지는 것이다.

독서를 싫어하는 사람의 경우도 무리하지 않는 범위 내에서 책읽기를 반복하면 된다.

자신에게 흥미 있는 책을 오늘은 다섯 페이지, 내일도 다섯 페이지…… 하는 식으로 매일 반복하면 얼마 지나지 않아 독서하는 것이 즐거움으로 다가오게 된다.

꿈을 실현하고 싶은 경우도 꿈을 실현하기까지 필요한 단계를 밟아 나가는 것을 습관화하면 된다.

꾸준히 할 수 있는 비결은 즐기는 것
고통스러운 일도 즐겁게 할 수 있도록 하자

A씨는 오래 전에 영어회화 강사를 하던 시절, "영어 공부를 꾸준히 할 수 없다"고 말하는 사람을 많이 보았다.

그들에게 어떤 공부를 하고 있는지 물어보면 대부분 다음과 같은 대답이 돌아오곤 했다.

"TOEIC 문제집을 풀고 있어요",
"교재를 복습하고 있어요",
"교재 CD를 들으려구요" 등등.

다시 말해서 그들이 하고 있었던 것은 점수를 올리기 위한 공부일 뿐 영어 소설을 재미있게 읽었다든가, 외국 영화를 즐긴 것이 아니었던 것이다.

그들에게 영어 공부라는 것은 "힘들지만 하지 않을 수 없는" 것이지 결코 재미있는 것은 아니었다.

그러나 그런 것이 꾸준히 오래 하기 어렵게 만든다.

사람은 즐겁다고 생각하는 것은 그냥 내버려두어도 스스로 찾아서 하기 마련이다.

반대로 고통을 느끼는 일은 의지가 강하지 않은 한 중단하고 싶어진다.

그렇게 생각하면 꾸준히 오래 하려면 어떻게 해야 하는지를 알 수 있을 것이다.

대답은 즐겁게 하는 방법을 생각해내는 것이다.

예를 들어 필자의 경우, 헬스클럽에 가서 혼자 운동하는 것은 단조롭고 지루한 일이었다.

재미가 없었기 때문에 나도 모르게 빼먹고 싶어졌다.

그런데 운 좋게도 헬스클럽에서 친구를 사귀게 되었다.

그 친구를 만나 운동에 대한 이야기를 나누다 보면 힘들고 단조롭던 운동이 즐겁고 기다리게 되었다.

그 '즐거움'을 러닝머신을 뛴다는 '단조롭고 재미없는 작업'과 연결시킴으로써 고통이 경감된 것이다.

그와 마찬가지로 영어 공부를 지속적으로 할 수 없는 사람도 영어를 즐겁게 할 수 있는 방법을 찾아 영어에 접근하면 된다.

외국 영화를 보거나 읽기 쉽게 다시 쓰여진 소설을 읽어보거나 영어 잡지 등을 읽어보는 건 어떨까.

즐겁게 하는 것이야말로 오래 꾸준히 할 수 있는 비결이라는 것을 기억해 하라.

정보를 선택하는 습관을 기르자
긍정적인 정보만을 받아들여도
행운이 저절로 굴러 들어온다

A씨가 영국에 유학하던 시절의 이야기이다. 홈스테이를 하던 집에 열한 살짜리 남자아이가 있었다.

어느 날, 그 아이가 친구들과 놀고 있는 모습을 유심히 보니 아이들 모두가 같은 말을 계속 반복하고 있었다.

나중에야 그 말이 텔레비전에 나오는 광고 내용이라는 것을 알았다.

아이들은 무의식적으로 광고 문구를 되 뇌이고 있었던 것이다.

이런 일은 어느 나라에나 있는 일이지만 그때 A씨가 생각한 것은 '정보를 선택하지 않고 그대로 받아들이면 그 정보에 물들고 만다'는 사실이었다.

분명 그 아이들도 텔레비전을 보고 머릿속에 입력된 것일 테지만, 문제는 그것이 무의식중에 행해진다는 것이다.

다시 말해 정보를 무비판적으로 그냥 받아들이면 그 사상에 자연히 물들게 된다.

텔레비전 등의 대중매체 정보는 대개 부정적인 경우가 많다.
예를 들면 살인, 도난사건, 연예인의 스캔들, 위법 행위 등등.
그런데 이와 같은 정보만 받아들이면 당연히 "이 세상은 정말 말
세다. 이런 어처구니없는 사건만 일어나다니" 하고 기분도 우울해질
것이다.

성공한 사람들은 정보를 선택적으로 받아들이는 습관을 가지고
있다.

같은 뉴스를 보더라도 텔레비전을 그냥 켜두는 것이 아니라 뉴스
를 본다는 의지를 분명히 갖고 본다.

세태의 흐름에 내맡긴 채 눈이나 귀를 통해 들어오는 정보를 무턱
대고 받아들이면 자기 자신의 사상도 부정적인 것이 되고 만다.

부정적인 정보를 아는 것이 무조건 나쁘다는 것은 아니다.
문제는 그것을 자신의 의지로 받아들일지 어떨지를 결정하는
것이다.

평범한 일만 하고 있으면
평범하게 끝나고 만다

두각을 나타내고 싶다면 '또 한 걸음' 걷는 습관을 기르자

영어로 씌어진 자기계발 서적을 읽다보면 'go to the extra mile'이라는 표현을 자주 볼 수 있다.

직역하면 '1마일을 여분으로 더 가다' 라는 뜻이다.

필자 식으로 번역하면 '(지금까지 잘해왔다고 생각될 때) 좀 더 분발하다' 라는 정도가 될 것이다.

이 go to the extra mile이 바로 꿈을 표현하기 위한 필요조건이다.

간단히 설명하면 이렇다.

최고의 영업사원이 되고 싶어하는 사람이 있다고 가정해 보자.

그의 영업 종료시간은 오후 5시.

5시까지는 바깥에 나가 영업을 한다.

보통 사람이라면 5시경이 되면 시계를 쳐다보고 "오늘은 이 정도로 끝낼까" 하고 생각한다.

그러나 보통 사람의 사고방식을 갖고 있으면 최고의 영업사원이 되기는 결코 쉽지 않다.

그러면 무엇이 필요할까.

그것은 "오늘은 이 정도로 하고 끝낼까" 하고 생각한 시점에서 한 발자국 더 나아가는(go to the extra mile) 것, 즉 영업을 한 군데 더 도는 것이다.

그것이 가능한가의 여부에 따라 최고의 영업사원이 될 수 있느냐 그렇지 않느냐가 정해진다.

그러면 특히 숫자로 나타낼 수 없는 목표를 갖고 있는 사람, 예를 들면 '일류 사원이 되겠다'는 막연한 목표를 갖고 있는 사람은 무엇을 어떻게 해야 할까.

이런 사람 역시 "이 정도면 되겠지" 하는 생각에서 "좀 더 분발하자"라는 생각으로 바꾸는 것이다.

예를 들어 업무 시작 시간이 아침 9시라고 가정하자.

그런데 언제나 9시가 다 되어 아슬아슬하게 출근하는 사원이라면 "상사에게 혼나지 않게 정확히 도착했으니 이것으로 됐다" 하고 만족하기 십상이지만, 그런 사람은 보통 사원들과 조금도 다를 바가 없다.

그럴 때 "좀 더 분발하자"라고 생각하여 아침 8시 40분에 출근하여 9시부터 시작되는 그 날 업무를 미리 검토하는 것이다.

그렇게 하면 9시까지 여유 있게 '워밍업'을 할 수 있어 본격적으로 업무가 시작되는 9시부터는 '전력 질주' 할 수 있게 된다.

"이 정도면 되겠지" 하고 생각한 시점에서 멈춰버리면 아무리 세월이 흘러도 지금 그 상태에 머물 수밖에 없다.

따라서
좀 더 분발하는 습관을 들이도록 하자.
그렇게 하면 자신의 수준이 한 단계 올라갈 것이다.

이 같은 습관을 들이면 1, 2년 정도 지났을 때 스스로도 놀랄 만큼 멀리까지 걸어간 자신을 확인할 수 있을 것이다.

기한을 정해두지 않으면
아무리 세월이 흘러도
절대 목표를 달성할 수 없다

목표를 정하는 것과 동시에 기한도 정한다

영국의 역사가 노스코트 퍼킨슨은 다음과 같은 말을 남겼다.

"무슨 일이든 완성할 때까지 어느 만큼의 시간이 걸린다".

이 말은 마감에 쫓기며 일하는 사람이라면 누구나 절감할 것이다. 특히 작가인 필자는 이 말이 얼마나 정곡을 찌르는 말인가를 전적으로 공감하고 있다.

예를 들어 "3월 말까지는 무슨 일이 있어도 끝내 주세요. 그렇지 않으면 출판 시기가 늦어져 큰일이니까요" 하는 출판사의 부탁을 받으면 3월 말까지 거의 필사적으로 매달려 일을 끝낼 수 있게 된다.

그런데 "가능하면 3월 말까지 마쳐 주시면 고맙겠지만 4월 말까지

해도 무방합니다"라는 식의 의뢰가 들어오면 마음속으로는 여유가 있어 좋지만 결국 4월 말이 되어도 완성하지 못한다.

극단적으로 "언제라도 좋으니 당신 스케줄에 따라 해결해 주세요"라고 하면 그 일은 언제까지고 끝내지 못할 것이다.

왜 그럴까.

첫 번째 이유는 마음이 느슨해지기 때문이다.

"뭐, 그렇게 필사적으로 하지 않아도 마감기한까지는 아직 시간이 많이 있으니까". 그런 기분이 되어 나중에 할 수 있는 일에 괜한 시간을 할애하게 된다.

여기서 주의해야 할 것은 그 일에 직접 관계가 있는 일이라도 나중에 해도 되는 일에 시간을 낭비하고 있다가는 일이 제대로 되지 않을 뿐 아니라 일의 질도 떨어진다는 것이다.

예를 들어 책상 위가 어질러져 있으면 누구나 정리를 하고 싶어질 것이다.

컴퓨터 소프트웨어 버전이 새로이 발매되었다면 즉시 버전을 바꾸고 싶어질 것이다.

평소 같으면 그런 '나중에 해도 될 일'도 마감기한까지 시간적인 여유가 있으면 자기도 모르게 손이 가게 된다.

당연히 일은 좀처럼 진척되지 않는다.

그리고 그런 이유로 업무의 질의 향상되는가 하면 대부분의 경우 전혀 향상되지 않는다.

목표를 정했다면 반드시 그와 동시에 기한도 정할 것. 그것이 착실히 목표를 달성해 나가는 비결이다.

자신에게 가장 적합한
우선순위를 정하는 방법을 알아두자
긴급하지 않은 일부터 해결해 나가는 것이
좋은 경우도 있다

서점에 가보면 시간관리를 다룬 서적이 넘쳐날 정도로 많이 나와 있다.

많은 학자들이 다양한 이론을 전개하고 있는데, 일이나 우선순위에 대해서는 '긴급하거나 중요한 일부터 해결하라'는 내용이 주종을 이루는 듯하다.

다만 개인차가 있기 때문에 자신에게 가장 적합한 우선순위를 정할 수 있도록 노력해야 한다.

필자의 경우, 서너 가지 일을 동시에 진행하지 않으면 안 되는 경우가 많다.

예를 들어 6월 말이 마감인 명상집, 7월 말이 마감인 자기계발 서적, 8월 말이 마감인 인문서라는 식으로 동시에 세 가지 책을 집필하는 경우도 비일비재하다.

이 세 가지 일을 비교했을 경우 중요도는 모두 비슷하다.
차이가 있다면 급한 정도뿐이다.

이런 경우에 당신이라면 어떻게 할 것인가?

6월 말까지는 명상집만 붙들고 있고, 그것이 끝난 다음에 7월 말이 마감인 자기계발 서적에 착수하고, 그것이 끝나고 나서 인문서에 매달릴 것인가.

그 방법이 나쁘다고는 할 수 없지만 하루 종일 같은 일을 하는 것보다 하루를 3등분하여 세 가지 일을 동시에 진행하는 것이 효율적이다.

같은 일만 하고 있으면 그만큼 머리가 쉽게 피곤해지기 때문이다.

그래서 하루에 4시간은 명상집, 3시간은 자기계발 서적, 2시간은 인문서라는 식으로 시간을 배분하기로 결정했다.
그런데 그때부터가 문제이다.
이 세 가지 일을 어떤 순서로 할 것인가.

필자 같은 경우는 인문서, 자기계발 서적, 명상집 순으로 배분할 것이다.
다시 말해서 마감기한이 가장 먼 일부터 시작하는 것이다.

왜 그렇게 하는지 모두들 의문을 가질 것이다.

그 이유는 만약 맨 처음에 명상집을 잡으면 그 단계에서 "아, 오늘은 일을 너무 많이 했다"는 생각이 들어 마음이 느슨해지게 되어 "인문서는 아직 기한이 많이 있으니까 오늘은 안 해도 되겠지" 하고 건드리지도 않게 되기 때문이다.

반대로 4시간짜리 명상집 일을 맨 나중에 배치하면 인문서와 자기계발 서적을 끝낸 이후라도 "아직 가장 긴급한 일을 마무리하지 못했다.
오늘은 이걸 끝낼 때까지 절대 잘 수 없다"는 생각으로 마음을 다잡게 된다.
그 결과 그 날 해결해야 할 모든 작업을 무사히 끝낼 수 있게 된다.

우선순위를 잘못 정하지 않도록 유의하자.
자신에게 가장 적합한 우선순위를 정하면 일을 보다 능률적으로 처리할 수 있게 된다.

목표가 정해지면
먼저 자신의 실력이 어느 정도인지를
객관화하는 작업부터 시작하자

자신의 실력이 5라면
느닷없이 10을 목표로 할 것이 아니라 6을 목표로 하자

에이브러햄 매슬로는 자아실현에 의미를 두고 사는 사람에게 공통된 특징으로 자신을 객관시하는 능력이 있다는 것을 들고 있다.

이 능력은 꿈을 실현하는 데 있어 지극히 중요한 요소이다.

다시 말해서 자신을 객관시할 수 있는 능력이 있는 사람일수록 꿈을 실현하기가 쉽다는 것이다.

어느 유학 잡지에 "실력이 없는 사람일수록 자신의 능력에 맞지 않는 유명대학을 꿈꾸는 경향이 있다"고 씌어져 있던 것을 읽은 적이 있다.

외국 대학에서는 TOEFL을 영어 능력을 평가하는 척도로 사용하는 곳이 많아, 일류 대학에서는 200점이나 230점 이상을 요구하는 경우도 있다.

"실력이 없는 사람일수록 유명대학을 지망한다"는 것은 그들이 실제로 그 대학에 다니며 공부를 한다는 그 자체보다도 '일류대학을 다닌다'는 브랜드를 확보하고 싶기 때문이다.

그러나 실제로 '일류대학에 다닌다'는 꿈이 이루어진다고 해도 실력이 갖추어지지 않으면 졸업을 할 수 없다.

"TOEFL 점수만 높으면 그 대학에 들어갈 수 있다"고 생각했지만 실제로 학위를 따지 못하고 돌아오는 사람이 적지 않은 실정이다.

그런데 확실하게 꿈을 실현하는 사람(이 경우에서 말하면 전문 분야의 공부를 철저히 하여 학위를 따서 돌아온 사람)은 무조건 일류대학에 가려고 하기보다도 자신에게 맞는 대학에 가려고 한다.

그것은 자신의 실력을 객관시할 수 있기 때문이며, 무리하게 일류대학에 가는 것이 자신을 위한 것이 아니라는 것을 알고 있기 때문이다.

이것은 대학을 선택하는 데만 국한된 얘기가 아니다.

허세를 부려 자신에게 맞지 않는 목표를 세우면 고생하는 것은 자신이다.

이는 커다란 꿈을 갖지 말라는 얘기는 절대 아니다.

당연히 꿈은 크게 가질수록 좋다.

하지만 단번에 실현되는 커다란 꿈을 바랄 것이 아니라 우선 자신의 실력을 객관시하고 한 단계 한 단계 실력을 쌓아나가는 것이 중요하다는 것을 말하고 싶은 것이다.

"이것도 하고 싶고 저것도 하고 싶은데" 하면 결국 아무것도 못하고 끝나기 십상이다

중요하지 않은 목표는 과감히 제거하자

A대학 하면 최근에는 "영어를 능숙하게 구사할 수 있는 학생을 많이 배출하는 대학"이라는 이미지가 정착되어 있는데, 거기에는 다음과 같은 이유가 있다.

과거에 아직 그다지 유명하지 않았던 무렵, 이 대학에서 이수할 수 있는 외국어는 영어뿐이었다고 한다.

다른 대학의 학생들이 제2외국어로 독일어나 불어 등을 필수 과목으로 배우고 있었을 때, A대학만은 "영어를 철저히 익히게 하고 싶다"는 이유로 영어 이외의 외국어 교육은 폐지했던 것이다.

그 결과 여러 기업들로부터 "참 이상한 대학이 있다.

다른 대학의 학생들은 학년이 올라갈수록 영어 실력이 떨어지는데 그 대학의 학생들만 유독 1학년보다는 2학년, 2학년보다는 3학년, 3학년보다는 4학년이 영어 실력이 월등하다.

그 대학이 바로 A대학이다"라는 평판을 받게 되었던 것이다.

어설프게 "외국어를 두 가지 이상 마스터하게 한다"는 목표를 세우지 않고 영어 하나로 압축한 것이 효과를 본 것이다.

"이것도 하고 싶고 저것도 하고 싶다"는 마음은 누구나 있을 것이다.

그러나 일부 예외적인 사람을 제외하고 대부분의 사회인은 시간에 한계가 있다.

이런 저런 일을 다 하고 싶어도 결국 어느 것 하나 제대로 하지 못하고 중도에 그칠 우려가 많다.

그럴 때 상기해 두면 좋은 사례가 바로 이 A대학의 예이다.

우선 목표를 최대한 많이 나열해 보자.

그리고 그 중에서 "자신에게 그다지 중요하지 않다"고 판단되는 것은 미련을 두지 말고 모두 잊어버리는 것이다.

미련을 갖고 있으면 자기도 모르게 마음을 빼앗겨 확실한 계기가 주어지지 않으면 시작하기가 어렵다.

따라서 그런 자세를 취하고 있기 때문에 이것도 저것도 제대로 완수하지 못하고 중도에 그치고 만다는 것을 기억해 두기 바란다.

목표를 세울 때도 그 가운데 특히 중요한 것이 무엇인지를 끊임없

이 자문하여 중요한 목표가 그렇지 않은 목표의 희생이 되지 않도록
하는 것이 중요하다.

'시간 도둑' 으로부터
도망칠 수 있는 자신만의 '성역' 을 만들자
그리고 반드시 해야 할 일은 그 '성역' 안에서 해결하자

과거에 사내 편집자로 일하고 있었을 때의 일이다.

아침 9시에 출근하자마자 편집 작업에 들어가는데, 일을 시작한 지 몇 분도 채 되지 않아 전화가 걸려 온다.

그리고 또 몇 분 후에는 옆의 동료가 말을 건다.

조금 일하다 보면 이번에는 사장님의 호출이다.

이런 식으로 수시로 방해꾼이 끼어들어 1시간에 충분히 끝낼 수 있는 편집을 하루 종일 걸려 해결하는 경우도 흔히 있었다.

그 무렵 필자는 "프리랜서로 일하면 얼마나 효율적으로 일할 수 있을까" 하는 생각만 하고 있었다.

실제로 그런 방해만 없다면 놀라운 속도로 일을 할 자신이 있었다.

그런데 정작 프리랜서가 되어 집에 있게 되자 새롭고도 다양한

'시간 도둑' 이 나의 귀중한 시간을 빼앗아간다는 것을 알게 되었다.

먼저 텔레비전이다.
그다지 볼 마음도 없으면서 켜두고는 두세 시간을 아무 생각 없이 보는 것이다.

다음은 잡지나 책.
"읽지 않아도 아무 지장이 없는 게 아닐까?" 하는 생각을 하면서도 잠깐 쉬는 동안 읽기 시작하면 1시간 정도는 훌쩍 지나가 버린다.

또 하나는 인터넷이나 스마트폰이다. 인터넷 검색이나 스마트폰을 들여다보고 있으면 금세 1~2시간이 눈 깜짝할 사이에 지나가고 만다.

일을 효율적으로 하려면 이와 같은 '시간 도둑' 에게 시간을 빼앗기지 않도록 해야 한다.
그러기 위한 가장 좋은 방법은 절대 방해받지 않는 자신만의 '성역' 을 만드는 것이다.

예를 들면 도서관, 커피숍, 패밀리 레스토랑 등등.

중요한 일을 해야 하는 사람은 그런 성역을 갖고 있으면 몇 배나 효율적으로 일을 할 수 있게 될 것이다.

트러블에 대한 대처는
빠르면 빠를수록 좋다

늑장을 부리면 '이자'가 붙는다

인간관계에 트러블이 생겼을 때 대부분의 사람은 질질 끌며 대처하는 것을 늦춘다.

"이 일을 대체 어떻게 해결한다?" 하고 고민하고 있는 사이에 대응하는 것이 늦어지게 되는 것이다.

어떻게도 할 수 없게 된 시점에서 그저 트러블이 더욱 심각해지지 않도록 그 자리를 모면하는 것으로 얼버무리려고 한다.

그러나 그 결과 흔히 어떤 일이 발생하는가.

그 자리만 모면한다고 해서 트러블이 모두 사라지는가.

물론 그런 일은 절대 없다.

보통은 그보다 몇 배나 심각해져 다시 트러블이 생길 뿐이다.

기름을 바다 밑 몇 천 미터 속에 숨겨도 언젠가는 해면에 떠오르듯이 어떤 '미봉책'을 동원한다 해도 트러블을 표면화시키는 것을 늦추는 것이 고작이며, 트러블이 없어지는 것은 전혀 기대할 수 없다.

더욱이 미봉책을 쓰는 데만 급급할수록 트러블에는 '이자'가 붙는다.

다시 말해서 심각해지는 것이다.

돈을 은행에 맡겨 그대로 두면 자연히 이자가 붙듯이 트러블도 그대로 방치해 두면 그에 상응하는 '이자'가 붙는다.

혹여 방치해 두어도 트러블이 심각해지지 않더라도 방치해 두고 있는 사이에 머리 한 구석에 트러블에 대한 걱정이 떠나지 않기 때문에 정신적으로 부담이 된다.

그렇다면 어떻게 하는 것이 가장 좋을까.

트러블이 생기면 최대한 빨리 대처하는 것이다.

그러면 상대방도 조속히 대처해 주는 것에 대해 성의를 느낄 것이다.

어차피 해결해야 할 일이므로 질질 끌어봤자 아무런 이득도 되지 않기 때문에 마음이 개운해지기 위해서라도 빠르게 대처하는 것이 좋다.

트러블은 질병과 마찬가지로 조기 발견, 조기 치료가 중요하다는 것을 기억하기 바란다.

상대방이 독촉한다고 해서 마지못해 대처하는 것이 아니라 자발적으로 대처할 수 있는 마음을 갖는 것이 좋다.

다른 사람의 기대에
벗어나지 않기 위해서라도
'노!' 라고 말할 용기를 갖자

'노!' 라고 말할 수 있다는 것은
자신을 소중하게 여긴다는 증거다

남의 기대에 부응하는 것 자체는 결코 나쁜 것이 아니다.
그것은 상대방을 기쁘게 하는 것으로 연결되기 때문이다.

그러나 상대방은 기뻐도 자신은 즐겁지 않은 경우도 많이 있다.
그렇게 되기까지 상대방의 기대에 부응해야 할 이유는 없다.
그럴 때는 '노!' 라고 말할 용기를 갖는 것이 중요하다.

A씨가 영어 강사를 하던 시절의 이야기이다.
동료 중에 '어떤 일이든 다른 사람의 기대에 충실한' 여성이 있었
다.
그녀는 항상 다른 사람들이 숱한 궂은일을 부탁해 와도 그것을 거
절하지 못하고 다 떠맡는 스타일이었다.

예를 들면 동료인 미국인 강사가 한국의 어떤 공공기관에서 온 편지를 읽을 수 없다며 영어로 번역해 달라고 하면 그녀는 아무 대가도 받지 않고 번역해 주었다.

또 어느 날은 그녀가 가르치고 있던 반 학생이 수업을 연장해 달라고 말하자 20분 가까이나 연장해서 수업을 해준 적도 있었다.

그뿐만 아니라 동료 강사의 생일 파티에 인원이 모자라 참가해 달라고 부탁해 오면 그런 일까지도 마다하지 않았다.

이런 일을 하나하나 살펴보면 결코 '나쁘다'고는 할 수 없다.
다만 그녀가 그런 일을 기쁘게 하고 있는가 하는 것이다.

사실 그녀는 그런 일을 하는 것을 즐거워한 것이 아니라 거절하면 자신을 싫어하지나 않을까 하여 불안한 마음에 '노!'라고 말할 수 없었을 뿐이다.
그 증거로 그녀는 다른 사람이 이런저런 일을 부탁해 오는 바람에 정작 자신의 일을 할 수 없게 되어 항상 "왜 난 매일 이런 일만 해야 되나요?" 하고 불만을 늘어놓았던 것이다.

외국인이 어려움을 겪고 있을 때 도와주는 것 자체는 분명 좋은 일이다.
그러나 자신의 일로 바쁘면 거절할 수 있는 것이다.
친구의 생일 파티에 머릿수를 채우기 위해 가는 것이 안 된다는 것도 아니다.

그러나 머릿수를 채우는 것이라면 굳이 자신이 가지 않아도 다른 한가한 사람을 보내면 되는 것이다.

'노!' 라고 말할 수 없는 사람은 그렇게 말하면 다른 사람들이 자신을 싫어하게 되지나 않을까 하는 두려움이 있을 뿐이다.

그러나 자신이 싫어하는 일은 용기를 내어 '노!' 라고 말하도록 하자.

'노!' 라고 말해서 미움을 받게 된다면 그런 사람한테는 미움을 받아도 괜찮다고 생각하면 그만인 것이다.

그래도 자신을 알아주는 사람이 분명히 있을 것이기 때문에 걱정하지 않아도 된다.

습관 2

자신을
변화시키기 위한
작은 습관

"난안돼" 하는 식의
열등감을 떨쳐버리자
누구나 '다른 누구에게도 지지 않을
자신 있는 분야'를 갖고 태어나기 때문이다

미국의 강연가 브라이언 트레이시는 "대부분의 사람은 self-limiting belief를 갖고 있는데, 그것은 자기 마음대로 그렇게 생각하고 있을 뿐 그런 생각은 버릴 수 있다"고 말한다.

self-limiting belief를 직역하면 '자신을 제한하는 신념'이 된다.

"나 같은 건 아무리 노력해도 큰일은 할 수 없을 거야"
"어차피 난 이 정도의 일밖에 못할 거야"

이런 생각이 self-limiting belief인 것이다.

그렇다면 왜 대부분의 사람이 이런 생각을 갖게 된 것일까.
그것은 학교에서 평가되는 지능이 언어적인 지능과 수학적인 지능 두 가지뿐이기 때문이다.

이 두 가지 지능에 뛰어난 사람은 우등생으로 불리며 일류대학에 진학하고 스스로에게 자신감을 갖는다.

그들은 '노력한 만큼 보상을 받는다'며 자신감에 가득 차 있다.

그러나 이 두 가지 지능 면에서 뒤떨어져 있는 사람은 학창시절의 나쁜 추억으로 열등감을 갖기 쉬우며, "난 아무리 노력해도 큰일을 할 수 없는 인간이다"라는 식으로 생각해 버린다.

하버드 대학의 하워드 가드너 교수에 의하면 인간에게는 10가지 지능이 있다고 한다.

앞의 두 가지 지능 외에 예술, 스포츠, 창업 정신, 음악, 대인관계, 자기 인식, 직감, 묘사가 그것이다.

그리고 누구나 한두 가지 분야에서 뛰어난 재능을 발휘할 가능성을 갖고 있다고 말한다.

학창시절에 어떤 재능을 발휘하여 자신감을 갖게 된 사람은 그나마 다행이지만 특별히 아무 재능도 꽃피우지 못하고 그대로 사회인이 된 사람은 대부분 학창시절에 몸에 밴 'self-limiting belief'가 그대로 남아 있는 경우가 많다.

그러나 브라이언 트레이시가 말한 것처럼 그런 부정적인 생각은 버릴 수 있다.

"나 같은 건 절대 큰일을 할 수 없을 거야"라고 생각하는 사람은 지금 당장 그런 생각을 버리고 자신은 어떤 분야에서 가장 재능을 발휘할 수 있을지를 생각해야 한다.

'분한 마음'을 '낙담의 원인'으로 받아들일지 '영양소'로 받아들일지는 본인에게 달렸다

마음가짐에 따라서는 최고의 '영양소'가 될 수도 있다

어느 심리학자가 다음과 같은 말을 한 것이 기억난다.

"토끼에게는 토끼의 삶의 방식이 있고, 거북에게는 거북의 삶의 방식이 있다.

따라서 다른 사람이 무슨 말을 하더라도 신경 쓰지 말아야 한다.

남이 하는 말을 지나치게 신경 쓴 나머지 자신의 삶의 방식을 망각해서는 안 된다"고.

토끼한테서 "넌 바보야!" 하고 놀림을 당한 거북이 약이 올라 열심히 달리는 연습을 했다고 하면 자신의 삶의 방식을 망각한 것이 된다.

토끼가 무슨 말을 하건 자신에게는 자신만의 장점이 있다.
빨리 달릴 수는 없어도 바다에도 들어갈 수 있고 헤엄도 칠 수 있다.
그렇게 생각하고 토끼가 놀려대도 신경 쓰지 않으면 된다.

하지만 우리 인간끼리는 토끼와 거북이 아니기 때문에 대개는 남이 무슨 말을 하면 아무래도 신경이 쓰이지 않을 수 없다.

다른 사람으로부터 질책을 받으면 분한 마음이 들 것이다.
그럴 때 상대방의 질타를 '낙담의 원인'으로 받아들일지 '영양소'로 받아들일지는 자신의 결단에 달려 있다.

'낙담의 원인'으로 받아들이는 사람은 자신의 삶의 방식을 망각하고 의지를 보여주기 위한 노력을 한다.

'바보'라는 놀림을 받은 거북이 달리기 연습을 하는 것에 비유할 수 있을 것이다.
이런 사람은 노력을 하면 할수록 잘못된 방향으로 나아가게 된다.

한편 '영양소'로 받아들이는 사람은 질책을 당한 분한 마음을 발판으로 하여 자신이 자신 있게 할 수 있는 분야에서 두각을 나타내려고 애쓴다.

바보라고 놀림을 받아도 거기에 개의치 않고 헤엄을 더 잘 칠 수 있도록 노력하는 거북에 비유할 수 있다.

분하다는 생각을 했을 경우 그 마음만은 꼭 기억해 두기 바란다.

그리고 그 분한 마음을 자신을 발전시키기 위한 '영양소'로 살리는 것이다.

단순히 객기를 부리는 것이 아니라 자신이 자신 있게 할 수 있는 분야에서 두각을 나타내기 위해 노력해야 한다.

분한 마음을 자신을 끌어올리는 계기로 삼을지 바닥으로 떨어뜨릴지는 자신의 결단에 달려 있다.

기분이 울적할 때는
"이제부터 어떤 일을 할 수 있을까?"를
생각하자

'중화(中和)의 법칙' 이 작용하여 기분이 좋아진다

같은 양의 산과 알칼리 용액을 섞으면 제각기 그 특성을 잃는다.

또 같은 양의 음양 전기가 있을 때는 전기 현상이 일어나지 않는다.

그 이유는 '중화의 법칙' 이 작용하기 때문이다.

이러한 '중화의 법칙' 은 사람에게도 응용할 수 있다.

예를 들어 우울한 기분에 사로잡혀 있을 때 기분이 좋아지는 일을 하면 우울한 기분이 중화될 수 있다.

이때 기분이 좋아지는 일은 사람마다 다르다.

좋아하는 음악을 들으면 기운이 나는 사람이 있는가 하면 애완견을 데리고 놀면 마음이 편안해진다는 사람도 있을 것이다.

그밖에도 맛있는 음식을 먹거나 산책을 하는 등 자신이 무엇을 하면 기분이 좋아지는지를 알고 있으면 우울한 기분에 빠졌을 때 그것으로 중화시킬 수 있다.

그런데 그보다 더 효과적인 방법이 있다.
사실은 앞에서 말한 '기분이 좋아지는 일'은 일시적인 것에 지나지 않는다.
자신을 괴롭히는 문제를 해결하지 않는 한 그것을 생각할 때마다 우울한 기분을 맛보게 된다.

그러나 우울한 기분을 제공한 근원을 생각해 보면 그 대부분이 "과거의 어떤 사건에 대한 자신의 감정"임을 알 수 있을 것이다.
우울하게 만드는 원인은 '과거의 어떤 사건'을 불만스럽게 생각하고 있기 때문이다.

이런 경우 '과거의 어떤 사건'으로 인해 우울해지는 것이기 때문에 거기에 대해 "앞으로 무엇을 할 수 있을지"를 생각해 보는 것이다.

과거의 사건으로 인해 화를 내고 있기만 하면 아무런 해결이 나지 않는다.
따라서 우울한 마음으로 언제까지나 고민하고 있어서는 안 된다.

그런데 일단 "그러면 그 사건에 대해 앞으로 어떤 일을 할 수 있을까?"를 생각하다 보면 우울한 기분이 조금씩 중화되기 시작한다.

왜냐하면 미래의 가능성은 긍정적인 것이며, 의욕을 불러일으키기 때문이다.

이미 일어난 사건으로 인해 고민에 빠질 때 "앞으로 무슨 일을 할 수 있을까?"를 생각해 보자.

그렇게 하면 우울한 기분이 서서히 사라질 것이다.

"최고의 일을 하자" 라고 생각할 것이 아니라 "최선을 다하면 된다" 고 생각하자

그것이 바로 '지금 당장' 할 수 있는 비결이다

해야지 해야지 생각은 하면서도 좀처럼 첫걸음을 내디디지 못하는 사람이 있다.

필자의 친구 중에 "올해는 무슨 일이 있어도 논문을 써서 발표할 계획이야"라는 말을 입에 달고 있으면서도 자그마치 8년 동안이나 손을 대지 못한 사람이 있다.

또 "언젠가는 내가 쓴 책을 내고 싶다"고 말만 앞세우고는 역시 5~6년 동안 한 번도 출판사 문을 두드리지 못한 사람도 있다.

그들은 "어차피 할 것이라면 최고의 일을 하자. 그렇지 않으면 해도 아무런 의미가 없다"라고 생각하는 것이다.

논문을 쓰더라도 이미 발표된 논문보다 아주 뛰어난 논문을 쓰고 싶은 것이다.

또 자신의 이름 석 자가 박힌 책을 낸다고 해도 베스트셀러를 만들지 못하면 아무 의미가 없다고.

그들의 마음속에는 그런 생각뿐이다.

그래서 자꾸만 시간만 보내고 첫걸음을 내디디지 못하는 것이다.

그들은 진지하다.

논문을 쓰기 위한 자료를 모으거나 방대한 양의 책을 읽느라 분주한 시간을 보낸다.

그러나 정작 논문은 손도 대지 못하고 있다.

실제로 "최고의 것을 써야 한다"는 부담을 갖게 되면 두려워져서 아무것도 할 수 없게 되고 만다.

이것은 비단 집필이라는 행위에 국한된 것은 아니다.

"최고의 일을 해야 한다"고 생각하면 어떤 일이든 좀처럼 첫걸음을 내디디기가 어려워진다.

그러나 여기서 오해를 하면 안 되는 것은 적당히 하면 된다는 의미는 절대 아니라는 것이다.

필자가 말하고 싶은 것은

설령 최고의 일을 할 수 없더라도 자기 나름대로 최선을 다하면 된다는 것이다.

'지금 당장' 행동으로 옮겨 최선을 다하는 것은 "최고의 일을 하자"고 생각만 하고 아무것도 하지 않는 것보다 훨씬 좋은 결과를 낳을 것이다.

하고 싶은 일이 있으면
일단 첫걸음을 내디뎌 보자
첫걸음만 내디디면 그것만으로 힘이 날 수도 있다

다음은 B씨의 얘기다.

B씨는 이미 50여 권의 저서와 역서를 출판했는데, 그래도 아직 '일을 시작하는 첫걸음' 을 내디디기까지의 정신적인 거리는 멀게만 느껴진다.

예를 들어 침대에 누워 "이런 내용을 쓰면 참 재미있을 거야" 하고 생각하면서도 컴퓨터로 다가가기까지 아주 많은 시간이 걸린다.

그런데 이상한 것은 일단 컴퓨터 앞에 앉아 글을 쓰기 시작하면 그때까지 왜 그렇게 머뭇거렸는지 이해가 안 될 정도로 술술 써내려가는 경우가 많다.

따라서 일단 컴퓨터 앞에만 앉으면 일은 절반 정도 끝난 것이나 다름없다.

그 정도로 첫걸음을 내디디는 데는 에너지가 요구되는 것이다.

이것은 일에만 국한된 문제가 아닐 것이다.

해야지 해야지 생각은 하면서도 좀처럼 실천에 옮기지 못하는 것은 어려워서라기보다는 그것을 시작하기까지의 정신적인 거리가 있기 때문이다.

5, 6년 전부터 컴퓨터 실력을 늘리고 싶다는 말을 입버릇처럼 하던 친구가 있는데, 지금까지도 그는 아무 것도 시도하지 못하고 있다.

그는 항상 뭔가 핑계를 대며 컴퓨터 기술을 향상시키기 위한 어떤 행동도 하지 않고 있다.

"요즘 너무 바빠서 말이야",

"시험 준비를 하고 있는데 그것만 끝내놓고 나서 해야지",

"컴퓨터 실력을 향상시키려면 상당한 시간이 소요되겠지?" 등등.

그러나 그렇게 말하면서 언제까지고 '첫걸음'을 내디디지 않고 있다.

첫걸음을 떼지 않기 때문에 아무리 세월이 흘러도 자신이 초보자라는 의식은 사라지지 않는다.

하고 싶은 일이 있으면 지금 당장 첫걸음을 내디며 보자.

설령 그것이 몇 분 정도의 짧은 시간이어도 좋다.

컴퓨터 앞에 앉아 몇 분 정도 글을 쓰다 보면 잇따라 문장이 떠오르는 것처럼 일단 '첫걸음'만 내디디면 잇따라 할 수 있는 뭔가가 있을 테니까.

후회하지 않겠다고
결심하자

우리가 바꿀 수 있는 것은 '이제부터' 뿐이다

불교 용어에 '카르마의 법칙' 이라는 것이 있다.

이는 윤회전생(환생)을 전제로 한 개념이다.

현생에서 악업을 저지르면 그 죄과가 내세에 돌아온다.

반대로 현생에서 선행을 하면 내세에서 좋은 일이 일어난다는 것이다.

그러나 윤회전생을 믿지 않는 사람이라도 이러한 '카르마의 법칙' 은 기억해 두어야 한다.

왜냐하면 현생에만 국한시켜 생각한다 해도 분명 이러한 '카르마의 법칙' 이 작용하고 있기 때문이다.

예를 들어 나팔꽃 씨를 뿌리고 나서 얼마간 시간이 흐르면 나팔꽃이 핀다.

그 자리에 해바라기 꽃이 필 리는 절대 없다.

그와 마찬가지로 제멋대로 함부로 행동해놓고 "주위 사람들로부터 존경을 받고 싶다"든가 "사랑 받고 싶다"는 결과를 기대한다는 것은 마치 나팔꽃 씨를 뿌려놓고 해바라기 꽃이 피기를 기대하는 것이나 다름없는 일이다.

그렇게 생각하면 자신이 원하는 '열매'를 얻으려면 그에 걸맞은 씨를 뿌려야 한다는 것을 알 수 있다.

여기에서 한 가지 주의해야 할 것이 있다.

그것은 일단 씨를 뿌리고 나서는 그 열매는 스스로 거둘 수밖에 없다는 사실이다.

사람들은 대부분 잘못이나 실수를 저지르고 나서 후회한다.

"그때 그런 행동을 하는 게 아니었는데"라든가 "그때 내가 그런 행동을 하지 않았더라면 이런 곤욕을 치르지 않아도 될 텐데" 등등.

그러나 지나간 일은 후회해봤자 아무런 해결이 나지 않는다.

이미 씨는 뿌려졌고 돌이킬 수 없다.

우리가 할 수 있는 일이라고는 그저 그 열매를 거두는 것뿐이다.

과거를 돌아보며 "이런 일은 하지 말았어야 했는데" 하고 후회하고 싶지 않다면 과거에 뿌린 씨로 인한 열매를 거두는 마음의 준비를 해야 할 것이다.

그리고 "앞으로는 더 이상 이런 행동은 하지 말자" 하는 마음으로 반성을 한다.

그렇게 함으로써 보다 확실한 미래가 열릴 것이다.

'아무것도 아닌 작은 일' 이라도 반복되면 위력을 발휘한다

'큰 일' 을 하기 전에 '작은 일' 을 반복하자

현재 필자는 프리랜서 작가로 일하고 있는데, 사실 프리랜서 작가만큼 불안정한 직업도 없다.

어디 특정한 곳에 소속되어 있는 것도 아니고, 출판사가 작가 모집 광고를 내는 것도 아니다.

그냥 방치해 두면 언제든지 말라죽을 수 있는 직업이다.

당연한 얘기지만 출판사는 자신들의 이익을 첫째로 생각한다.

따라서 무명 작가가 먹고살든 굶어죽든 관계없는 것이다.

작가가 빚을 잔뜩 지고 있어도 "불쌍하니까 일을 주겠다" 든가 "형편이 어려우니 인세를 미리 지불해 주겠다" 는 경우는 절대 없다.

그런 점에서 보면 정말 비참하기 그지없다.

그러나 프리랜서로 일하고 나서 7~8년 동안 단 한 번도 일이 끊어진 적이 없다.

필자가 하는 일은 대부분 단행본을 집필하거나 번역하는 일인데, 60여 권 가까이 연속해서 작업해 오고 있다.

이는 내가 '작은 일'을 소홀히 여기지 않고 꼼꼼하고 철저하게 처리해 왔기 때문이라고 자부하고 있다.

'작은 일'이란 이력서나 집필한 원고, 기획서 등을 출판사에 보내거나 면접할 기회를 얻을 수 있도록 전화를 해보기도 하고, 다른 데서 출판된 책을 출판사에 보내는 등의 작업을 말한다.

이런 작업을 통해 책을 내게 될 가능성은 아주 낮다. 사실 하나하나 살펴보면 '아무런 결실도 얻지 못한 일'뿐이다.

예를 들어 이력서를 써서 출판사에 보낸다고 해도 곧바로 휴지통으로 직행할지도 모른다.

반응이 있는 것을 기대하는 것이 오히려 가상한 생각이다.

하지만 그것은 한두 회사에만 보낼 때의 이야기이다.

10개 출판사에 보내서 안 되면 20개 출판사에 보낸다.

그래도 안 되면 직접 출판사에 뛰어간다.

'아무것도 아닌 듯이 보이는 사소한 일'이라도 수적으로 승부하면 언젠가 어떤 기회로 '확실한 뭔가로 연결될' 수 있다.

'큰 일'은 사실 '아무것도 아닌 듯이 보이는 사소한 일'이 출발점이 된다.

'큰 일'을 도모하기 전에 '작은 일'을 철저히 해보는 것이다.

반드시 해야 할 일에 짓눌려 있다면 5분 이내에 할 수 있는 '베이비 스텝' 자세를 취해 보자

그러다 보면 의욕이 솟는다

갑자기 큰일을 맡게 되면 시작하기도 전에 지레 압도되어 전혀 손을 댈 수 없는 경우가 흔히 있다.

"의욕은 있지만 어디부터 손을 대야 할지 모르겠다"는 상태인 것이다.

그래서 질질 시간만 끌면서 시작하는 것을 미루는 사이에 아무것도 할 수 없는 상태가 계속된다.

대학원 시절 논문을 쓸 수 없다며 머리를 싸매고 있는 학생들을 많이 보았다.

논문을 쓴다는 것 자체가 그다지 익숙한 것이 아닌 이상 쓰기도 전에 그 중압감에 압도되어 버리는 것이다.

이런 경우에는 먼저 '베이비 스텝'을 밟는다.

'베이비 스텝'이란 직역하면 '아기 걸음마'가 되는데, 여기서는 '간단히 할 수 있는 작업'을 말한다.

예를 들면 논문을 쓸 목적이 있는 사람이라면 먼저 도서관에 가서 관련 서류를 빌린다,
목차를 쓴다, 논문을 덮는 파일을 구입한다 등등.
최종적으로는 논문을 제출하는 데 필요한 것이라면 무엇이든 좋다.
그 중에서도 간단히 할 수 있는 일부터 시작하면 된다.

매년 12월에 많은 연하장을 써야 하는 사람은 그 양에 짓눌려 버리기 일쑤인데, 12월에 한꺼번에 할 생각을 하지 말고 11월 정도부터 주소를 쓰거나 아니면 주소 라벨을 준비해 두면 작업이 훨씬 수월해질 것이다.

이 같은 '베이비 스텝'을 한 걸음이라도 내디디면 두 번째 단계는 내디디기가 아주 쉬워진다.
그런 다음 세 번째, 네 번째… 하는 식으로 기세가 붙으면 그 다음부터는 승승장구로 나아갈 수 있을 것이다.

'도저히 손을 댈 수 없는 일'에 골머리를 싸매고 있다면 먼저 무엇이든 좋으니 금방 끝낼 수 있는 간단한 일부터 시작해 보자.
그런 행위 자체가 기세를 북돋아 줄 것이다.

그러다 보면 의욕이 솟는다.

잔혹한 비판에
굴복하지 말라

그럴 때는 씩 웃고 조용히 그 사람에게서 벗어나라

몇 년 전, 어떤 편집자를 처음 만나 대화를 나누었을 때의 이야기이다. 그녀는 내게 이렇게 물어왔다.

"준린 씨, 어떤 목표를 갖고 계신가요?"
"하고 싶은 일은 많이 있습니다. 글도 계속 하고 싶고 에세이도 쓰고 싶어요"

그렇게 대답하자 그녀는 엷게 미소를 지으며 이렇게 말했다.

"에세이요? 당신이 말이죠? 푸푸푸. 꿈도 꾸지 마세요. 써봤자 팔릴 리가 없을 테니까요"

나는 그녀가 어떤 목표를 갖고 있냐고 물어왔기에 거기에 대답했을 뿐이다.

그 당시 나는 이미 에세이집을 내고 있었다.

그런데 내가 출판한 것이 어떤 것이 있는지 물어보지도 않고 그녀는, "꿈도 꾸지 마세요. 써봤자 팔릴 리가 없을 테니까요" 하고 말한 것이다.

나는 얼굴을 주먹으로 얻어맞은 것 같은 큰 충격을 받고 맥없이 집으로 돌아왔다.

분명 그녀와 대화를 나눈 '에세이 지원자'는 모래알처럼 많이 있었을 것이다.

그리고 그 대부분이 전혀 상대방을 배려하지 않은 한마디에 자신의 꿈을 접어야 했을 것이다.

작가에게 있어 편집자의 말은 하나님의 말이라고 해도 좋을 정도로 비중이 있다.

그런 편집자에게서 "꿈도 꾸지 말라"는 얘기를 들으면 "역시 난 안 되는가" 하는 생각을 하게 된다.

그러나 과연 그녀의 '안목'이 옳았을까.

처음 만난 사람에게, 더구나 나의 경력도 알아보지 않고 "당신이 에세이를 써봤자 팔릴 리가 없을 것이다"라고 말한 그녀의 '평가'가 과연 제대로 된 평가라고 할 수 있을까.

꿈을 실현해 나가는 과정 속에서 이와 같은 파괴적인 비판을 피할 수는 없다.

크건 작건 어떤 사람이라도 이와 같은 파괴적인 비판을 받게 된다.

그러나 그것을 너무 진지하게 받아들일 필요는 절대 없다.

당신의 꿈이 잔혹한 비판을 받는다면 반론 따위는 하지 말고 싱긋 웃고 조용히 그 사람에게서 벗어나도록 하자.

아무리 사소한 일이라도
소홀히 여기지 말라

그 사소한 일이 당신을 꿈에서 멀어지게 하기도 하고
다가가게 하기도 한다

미국의 인기 강연가 브라이언 트레이시는 꿈을 실현하기 위한 비결로서 'everything counts' 를 경고하고 있다.

직역하면 '모든 것을 계산하게 된다' 가 되는데, 보다 이해하기 쉽게 번역하면 '(꿈을 실현하는 데는) 어떤 것이든 중요하다' 는 뜻이 된다.

우리는 "이것은 사소한 일이기 때문에 꿈을 실현하는 것과는 그다지 관계가 없다"고 생각하고 가벼운 마음으로 덤벼드는 경우가 있다.

그러나 실제로는 아무리 사소한 일이라도 꿈을 실현하는 데 플러스가 될지 마이너스가 될지 둘 중 하나이다.

어느 쪽도 아닌 경우는 없는 것이다.

예를 들어 몸가짐이 단정하지 못한 사람이 있다고 가정해 보자.

그는 "중요한 것은 인간으로서의 알맹이다. 차림새가 어떻든 알맹이만 좋으면 되는 것이다"라고 생각하고 있다.

그러나 실제로는 어떤가.

그가 아무리 "인간은 알맹이가 중요해" 하고 강조한다 해도 만약 그가 수염을 지저분하게 기르고 너덜너덜한 옷을 입고 있다면 그것만으로 상대방이 "이 사람은 너무 불결하니까 일을 맡기는 것은 왠지 불안하다"고 생각하지 말란 법은 없다.

그에게는 그다지 중요한 일이 아니라고 해도 그런 사소한 일이 중요하게 작용하는 경우도 있는 것이다.

그 외에도 기한을 잘 지킬 것인가, 언어 구사가 정중한가, 부재중에 받은 전화가 금방 연결되는가 등등. 아무리 본인이 "이런 일(꿈을 실현하는 데 있어)은 그다지 중요하지 않다"고 생각해도 실제로는 그러한 사소한 일로 큰 차이가 벌어지는 것이다.

꿈을 실현해 나가는 사람은 그런 사소한 일 하나라도 소홀히 여기지 않고 소중하게 받아들인다.

따라서 사소한 일로 꿈에서 멀어지는 실수는 하지 않도록 주의해야 한다.

외롭다고 아무나 찾지 말라

이상적인 사람을 만나려면
우선 자신의 외로움에 직면하고 그것을 극복해야 한다

심리학자인 매슬로는 "보통 사람은 뭔가 결핍되는 것에 의해 동기가 부여된다. 한편 건강한 사람은 자신의 가능성과 능력을 완전히 발달시켜 실현하고자 하는 욕구에 의해 동기가 부여된다"고 말한다.

결핍에 의해 동기가 부여되는 것이 절대 나쁘다는 것은 아니다.

그러나 그 결과 자신에게는 맞지도 않는 일을 하거나 자신에게 맞지 않는 환경이나 인물을 끌어들일 가능성이 높아진다.

예를 들어 결혼 적령기를 넘긴 미혼 여성에게는 "이대로 계속 혼자 살 것이라는 생각을 하면 외로워서···. 주위 사람들로부터도 '빨리 결혼해야지' 하는 소리를 듣는 것도 괴롭고···"라는 이유에서 결혼 상대를 찾는 사람이 적지 않다.

'외로우니까' 또는 '주위에서 결혼하라고 성화를 해대서' 라는 이유로 그다지 끌리지 않는 사람과 결혼하는 것 자체가 안 된다는 것은 아니다.

실제로 그런 주위의 압력에 의해 마지못해 결혼을 하여 결혼 생활을 잘 유지하는 부부도 적지 않다.

그러나 '외롭다' 는 동기에서 결혼 상대를 찾으려고 하면 그만큼 상대를 잘못 선택할 가능성이 높아진다.

왜냐하면 애초에 자신의 외로움을 해소하는 것이 목적이기 때문에 상대방의 진정한 모습을 보기 어렵기 때문이다.

'자신의 외로움을 위로해 줄 수 있는 상대' 라면 누구라도 좋게 보이는 것이다.

그 결과 자신과 맞지 않는 상대를 고르게 된다.

친구든 결혼 상대든 '외롭다' 는 결핍에 의한 동기에서 상대방을 찾으면 자신에게 맞지 않는 사람을 발견하기 쉽다는 것도 기억해 두기 바란다.

이상적인 사람을 만나려면 우선 자신의 외로움에 직면하고 스스로 그것을 극복해야 한다.

성공과 쾌감을
보다 강하게 결부시킬수록
성공할 때까지의 고생이 괴롭지 않다

어떤 분야에서든 성공을 거두려면 그 나름대로 대가를 지불해야 한다.

대가를 지불할 수 있는 사람은 그 결과 '성공' 이라는 쾌감을 얻을 수 있다는 것을 알고 있기 때문에 기꺼이 지불할 수 있는 것이다.

그러나 그 '성공' 이 크면 클수록 '대가' 도 비싸진다.

다시 말해서 어지간한 노력을 기울이지 않으면 손에 넣을 수 없게 된다.

따라서 성공이 크면 클수록 아주 극소수의 사람만이 성공을 거머 쥘 수 있는 것이다.

그런데 어떻게 하면 그 '대가' 를 기꺼이 지불할 수 있게 될까.

'대가' 를 지불하는 것을 쾌감으로 연결하면 된다.

예를 들어 사법고시를 준비하고 있다고 가정해 보자.

사법고시는 국가시험 중에서도 가장 어려운 시험으로 일컬어지고 있으며, 여러 차례 고배를 마시는 사람도 많이 있다.

도중에 좌절하고 마는 사람도 적지 않을 것이다.

그러나 오랫동안 계속 도전하려면 스스로에게 힘을 실어주어야 한다.

예를 들어 모의시험에서 좋은 점수를 받았다고 가정하자.

그러면 고급 레스토랑에 가서 식사를 하며 자신에게 한턱내는 것이다.

이렇게 하면 '모의시험에서의 고득점' = '쾌감'이라는 도식이 머릿속에 입력되어 계속 고득점을 얻고자 하는 마음이 샘솟을 것이다.

이와 같이 스스로의 노력이 결실을 맺었을 때 자신에게 칭찬을 해줌으로써 '노력' = '쾌감'이라는 도식이 머리에 각인된다.

사실 필자는 맥주를 아주 좋아하는데, 평소에 마시는 일은 거의 없다. 마시는 것은 단행본이 출판된 날(정확하게 말하면 견본이 집으로 배달된 날)로 한정하고 있다.

이렇게 해두면 '출판' = '맥주'라는 도식이 머리에 새겨져 또다시 오랜 시간을 집필 활동에 투입할 마음이 드는 것이다.

아무 일도 없을 때 맥주를 마시면 그만큼 맛있지는 않을 것이다.

자신을 격려하는 차원에서 마시는 것이기 때문에 더욱 맛이 있으며, 맥주를 마심으로써 더욱 분발하고 싶어진다.

　열심히 노력해서 성공한 날은 스스로를 축하해 준다.

　그리고 평소 하고 싶었던 일을 꾹꾹 눌러 참았다가 그 날 자신을

격려하는 의미에서 상을 주는 것이다.

　그렇게 함으로써 성공이 점점 가까워지는 것이다.

습관 3

밝고 적극적이
되기 위한
작은 습관

스스로를 격려하는
한마디 말을 갖자

낙담이 될 때, 무언가에 실패했을 때,
밤에 잘 때 등에 가능하면 빈번하게
그 말을 자신에게 들려준다

엔트로피라는 열역학(熱力學)에 관련된 용어가 있다.

간단히 말하면 물질은 시간의 경과와 함께 난잡도(亂雜度)의 비율
이 커진다는 것이다.

예를 들어 물이 가득 들어 있는 컵 속에 검은 잉크를 몇 방울 떨어
뜨려 보자.

그러면 그 잉크는 시간이 경과함에 따라 물속에 퍼지면서 떨어져
간다.

얼마 지나지 않아 컵의 물은 전체적으로 검은색이 될 것이다.

만약 검은 잉크가 퍼지지 않고 떨어지지도 않는다고 가정하면 상
당한 에너지를 필요로 한다.

그것은 결코 쉬운 일은 아니다.

잉크 측면에서 가장 간단한 것은 퍼지면서 떨어져 가는 것이다.

사실 우리 인간에게도 엔트로피가 작용하고 있다.

대부분의 인간은 그냥 방치해 두면 '쉬운 쪽'으로 흐른다.
'어렵고 까다로운 일'에 먼저 덤벼드는 일은 거의 없다.

신입생 때는 지각도 하지 않고 깔끔한 복장으로 등교하던 학생이
5~6월이 되면서 점점 지각도 늘고 복장도 엉망이 되어 간다.
이 또한 엔트로피의 한 예이다.

이러한 엔트로피 법칙에 의하면 우리 인간은 그냥 방치해 두면 언제나 부정적인 것에 마음을 점령당하게 된다.

왜냐하면 긍정적인 것을 생각하는 것과 부정적인 것을 생각하는 것 중에서는 후자 쪽이 몇 배나 간단하기 때문이다.

"역시 아무리 애를 써도 안 되는군. 이쯤에서 그만둘까" 하고 생각하는 것보다 "난 아무리 괴로운 일을 당해도 좌절하지 않아. 몇 번이고 도전해 보는 거야" 하고 생각하는 쪽이 상대적으로 훨씬 더 많은 에너지를 필요로 한다.

그냥 방치해 두면 서서히 부정적인 방향으로 흐른다고 할 때 그 벡터를 반대로 하려면 어떻게 하면 좋을까.

가장 간단한 것은 스스로 자신을 격려하는 것.

그러기 위해서는
자신을 격려하는 '상투적인 문구'를 정해두는 것이 좋을 것이다.
아침에 눈을 떴을 때, 용기가 좌절되었을 때, 밤에 잠들기 전 등에
자신에게 한마디 말을 걸어주는 것이다.
그렇게 하여 부정적인 기분을 미리 없애는 것이다.

이미 저질러진 일이나
바꿀 수 없는 일을 자꾸만 되새기는 것은
바람직하지 않다

'멘탈 테이프'란 마치 비디오테이프처럼 마음속에 사건 등을 기록해 두는 것을 말한다.

어떤 사건에 대해 납득할 수 없는 경우에는 이 '멘탈 테이프'가 몇 번이고 마음속에서 재생된다.

그리고 재생될 때마다
"그때 만약 ○○라고 말했다면 지금 어떻게 되었을까?"
"그때 그런 말을 들었는데, 만약 내가 ○○했다면 어땠을까?"
하고 생각하게 된다.

그러나 그런 생각을 한다고 해서 뭔가 해결되는 것은 아니다.
왜냐하면 모두 과거의 사건을 바꾸려고 하고 있기 때문이다.

극장에서 영화를 보면서 그 내용을 바꿀 수 있다고 생각하는 사람은 아무도 없을 것이다.

그와 마찬가지로 마음속의 '멘탈 테이프'도 몇 번, 몇 십 번 재생한다고 해서 달라지는 것은 아무것도 없다.

만약 바꿀 수 있는 것이 있다고 하면 "앞으로 어떻게 할까?" 정도뿐이다.

미국의 인기 강연가 브라이언 트레이시가 회사에서 정리해고 된 이후에 전직에 성공한 사람과 실패한 사람의 특징을 조사해 보았더니, 성공한 사람은 1주일에 7일을 전직활동에 투자하는 데 비해 실패한 사람은 1주일에 불과 이틀 정도밖에 전직활동을 하지 않았다고 한다.

그러면 그들은 그 이외의 시간에 무엇을 하고 보냈을까.

실제로는 특별히 아무것도 하지 않고 있었다.

집안에 틀어박혀 다니던 회사를 원망하거나 상사나 동료에게 화살을 돌리는 식으로 '멘탈 테이프'만을 수없이 재생하고 있었던 것이다.

어떻게 보면 전직활동이 순조롭지 않았던 것이 당연하다고 볼 수 있다.

다시 한 번 언급하면 멘탈 테이프는 극장에서 보는 영화 같은 것이다.

이미 일어난 일을 아무리 반추한다고 해도 달라지는 것은 아무것도 없다.

자신의 의지로 바꿀 수 없는 일은 자꾸 떠올릴 것이 아니라 완전히 잊어버리고 새로운 일에 도전해 보자.

그러면 도전하고 있는 사이에 "그런 일도 충분히 있을 수 있겠구나" 하고 가벼운 기분으로 되돌아볼 수 있게 된다.

사실 그것만으로도 충분하며, 당신은 과거의 쓰라린 경험을 가볍게 뛰어넘을 수 있게 될 것이다.

꿈을 그려보지 않고는
그 꿈이 실현되는 일은 없다

어떤 꿈이라도 아이디어가 구체적인 형태가 되어
나타나는 것에 불과하다.
따라서 먼저 자신의 꿈을 머릿속으로 그려보자

인간이 창조해낸 것 중에서 이 세상에 존재하는 모든 것은 구체적
인 형태를 나타낼 때까지는 아이디어로서 존재하던 것이다.

예를 들어 조형물이나 자동차, 비행기 등도 원래는 누군가가 마음
속에서 생각한 아이디어가 형태화하여 나타난 것이다.
증기선은 풀턴의 아이디어가 현실화된 것이며, 전보는 모르스의
아이디어가 현실화된 것이다.

아이디어가 없는데 어느 날 갑자기 뭔가가 물질화하는 일은 있을
수 없다.

그렇게 생각하면 뭔가를 만들거나 성취해내려고 한다면 먼저 마
음속에서 그 아이디어를 떠올리지 않으면 안 되는 것을 알 수 있을

것이다.

따라서 성공을 하고 싶다면 성공할 때까지의 단계를 마음속에 떠올리는 작업부터 시작해야 할 것이다.

예를 들어 자신의 저서를 내고 싶은 사람이 있다고 가정해 보자.

그러면 먼저 어떤 책을 내고 싶은지, 어떤 형태로 내고 싶은지 등을 이미지화하는 일부터 시작해야 할 것이다.

그와 같은 이미지를 뚜렷한 형태로 떠올릴 수 있게 되면 이윽고 책을 낼 때까지의 단계가 그려진다.

예컨대 "출판사에 기획안을 내보는 거야" 하는 생각을 해냈다고 가정해 보자.

그런 생각이 떠오르면 맨 처음으로 "출판사에 기획안을 낸다"는 다음 단계로 나아갈 가능성이 나올 것이며, 만약 그런 생각이 떠오르지 않았다면 그럴 가능성도 없는 것이다.

마찬가지로 자신이 3년 후, 5년 후, 10년 후에 어떤 모습이 되고 싶다는 구체적인 아이디어가 있다면 그런 이상적인 자신이 되기 위한 '다음 단계'가 떠오를 것이다.

이상적인 자신의 모습을 떠올려 보자.

그리고 다음 단계가 보인다면 즉시 그것을 실행에 옮겨보자.

그렇게 하다 보면 얼마 지나지 않아 당신의 아이디어는 현실화하게 될 것이다.

나쁜 사건도 생각하기에 따라서는 좋은 사건이 된다

실패해도 '성공의 요소'라고 생각하면 그 실패도 활력이 된다

사건 그 자체는 좋다고도 나쁘다고도 단언할 수 없다.

해석하기에 따라 좋아지기도 하고 나빠지기도 한다.

따라서 어떤 사람에게 좋은 사건이 다른 사람에게는 나쁜 사건이 되거나 반대로 어떤 사람에게 나쁜 사건이 또 다른 사람에게는 좋은 사건이 될 수도 있다.

예를 들어 소풍 가는 날을 손꼽아 기다리는 사람에게 비는 나쁜 사건이다.

그러나 가뭄으로 고초를 겪고 있는 농부에게는 좋은 사건이 된다.

이와 같이 똑같은 사실을 두고도 사람에 따라 해석하는 방법이 달라진다.

에머슨(미국의 사상가, 시인)은 이원성(二元性)에 따라 다음과 같이 말하고 있다.

자연계에서는 어떤 것이든 이원성을 갖고 있다.

예를 들어 빛과 어둠, 뜨거움과 차가움, 조수의 간만, 남과 여, 심장의 수축과 팽창, 원심력과 구심력, 전기의 양극과 음극, 자석의 N극과 S극 등과 같이 피할 수 없는 이원성이 자연을 갈라놓고 있다.

이로써 각각 절반을 차지하고 있으며, 완전한 것이 되려면 다른 절반이 필요하다는 것을 시사하고 있다.

따라서 설령 나쁜 사건이 일어난다고 해도 그것을 나쁘게 해석하지 않는 것이다.

모든 사물에는 이원성이 있다는 것을 알고 나쁜 사건 속에서도 좋은 사건으로 변환할 수 있는 요소를 발견할 수 있다.

'실패는 성공의 어머니' 라는 말도 있듯이 성공을 하려면 그 전제 조건으로 실패가 필요하다.

예를 들어 어떤 일에 도전했다가 실패했다고 가정해 보자.

그것을 다음의 성공으로 살리기 위해서는 그 실패를 나쁘게 해석하지 말아야 한다.

그 실패를 학습 경험으로 살리면 그 실패는 단순한 실패가 아니라 성공으로 가는 하나의 단계가 된다.

한 가지 분야에 정통한 사람은 왕왕 여러 가지 시행착오를 거치게 마련이다.

다시 말해서 "이렇게 하면 문제가 생길 수도 있다"는 수많은 시행착오를 거쳐 결국은 실패를 극복할 수 있게 된다.

커다란 성공을 거머쥐기까지는 수많은 실패를 경험하는 것이 필수라는 것을 알면 실패도 두렵지 않을 것이다.

따라서 실패를 성공과 떼어놓고 생각해서는 안 된다.

같은 '실패' 라도
좋은 실패와 나쁜 실패가 있다
좋은 실패를 하면 어느 결에 운이 따라주어
결국 성공할 수 있게 된다

K씨가 쓴 책 속에 재미있는 내용이 들어 있다.

K씨가 주장하는 것은 비현실적인 '5승 0패'를 목표로 하기보다는 현명하게 지면서 현실적인 '3승 2패'를 목표로 하는 것이 결국은 커다란 성공을 거머쥘 수 있다고 한다.

예를 들어 컴퓨터 제조업체가 있다고 가정해 보자.

만약 영업사원이 어느 기업에 컴퓨터를 판매하러 가서 하나부터 열까지 모두 자사 제품을 팔려고 한다면 그는 바로 '5승 0패'를 목표로 하고 있는 것이 된다.

컴퓨터라고 해도 소프트웨어에서부터 기억매체, 프린터, 마우스 등 갖추어야 할 것이 많이 있다.

당연히 이 모든 것을 팔 수 있다고 하면 그것만으로도 실적을 올릴 수 있을 것이다.

다시 말해서 '5승 0패'이다.

그러나 고객의 입장에서 보면 "하나부터 열까지 모두 같은 회사 제품으로 구입한다"는 것이 반드시 이상적이지 않을 경우가 많은 것이다.

예를 들어 프린터는 다른 회사 제품이 좋다든가, 사용하기 간편하다는 등의 장점이 있을 수 있다.

그런 경우 현명하게 지는 방법을 알고 있는 사람이라면 고객에게 가장 알맞은 프린터는 어느 회사 제품인지를 권유해 준다.
그리고 직접 그 회사에 연락을 취하여 알아봐 주기까지 한다.

이와 같이 하면 고객도 "이 사람은 나를 소중하게 생각해 주고 있다. 신뢰할 수 있을 것 같다. 앞으로 뭔가 더 필요하면 이 사람에게 부탁하자"라는 생각을 하게 된다.

실제로 또다시 그 영업사원을 통해 제품을 구입하려고 할 것이다.
이것이 현명하게 지는 방법이다.
'5승 0패'를 목표로 하면 일시적으로는 커다란 수익을 챙길 수 있을지도 모른다.

그러나
'5승 0패'에 지나치게 집착한 나머지 고객의 만족도를 경시한다면 반대로 고객을 놓칠 우려가 있다.

'5승 0패'가 언젠가는 '0승 5패'가 될 수도 있다.

반대로 고객의 만족도를 최우선으로 생각하면 항상 '3승 2패'를 유지할 수 있다.

'3승 2패', '3승 2패', '3승 2패'…. 결국 그렇게 하는 쪽이 최종적으로 커다란 성공을 확보할 수 있다.

슬럼프에 빠지면
이것저것 다 잊고
기분전환을 시도해 보자

미국의 허버트 벤슨 박사는 궁극적인 자기계발법으로 브레이크 아웃 원칙을 제창하고 있다.

이 방법은 스포츠, 비즈니스, 연설, 인간관계, 건강상태의 향상 등 모든 분야에서 응용할 수 있다고 한다.

'브레이크 아웃' 은 '돌파' 라는 의미이다.

다시 말해서 브레이크 아웃 원칙이란 어떤 분야이든 슬럼프에 빠졌을 때 그 슬럼프를 돌파하기 위한 원칙이 된다.

사실 우리가 슬럼프에 빠지는 것은 종래의 사고 패턴에 빠져들어가 거기에서 탈출할 수 없는 것이 원인인 것이다.

벤슨 박사는 그 한 예로서 어떤 야구선수를 들고 있다.

프로야구 개막 이후 6경기를 5할이라는 높은 타율을 자랑하던 타자가 갑자기 슬럼프에 빠져 8타석 연속 삼진을 당했다.

그는 여러 가지 테크닉을 연구하여 "어떻게 하면 잘 칠 수 있을까?"하는 것만 생각하고 있었다.

그러나 그 결과 점점 더 칠 수 없게 되었다.

그는 그야말로 '종래의 사고 패턴에 빠져' 있었던 것이다.

야구선수만이 아니라 비즈니스나 인간관계에서도 "무슨 방법을 써도 일이 풀리지 않는다"는 상태가 찾아오게 마련이다.

사실은 그런 때에 가장 필요한 것은 덮어놓고 돌진하는 것이 아니다.

벤슨 박사는 그럴 때 가장 필요한 것은 기분전환이라고 말한다.

기분전환을 해야 비로소 슬럼프를 돌파할 수 있는 것이다.

예를 들어 어려운 수학 문제를 앞에 놓고 몇 시간을 씨름해도 해결할 수 없다면 그 상태로 계속 고민할 것이 아니라 기분전환을 해보는 것이다.

샤워라도 하면 갑자기 답이 떠오를지도 모른다.

기획안을 쓸 경우에도 좀처럼 아이디어가 떠오르지 않는다면 잠시 컴퓨터 앞을 떠나 산책이라도 해보는 것이 좋다.

슬럼프에 빠졌을 때 가장 필요한 것은 기분전환이라는 것을 기억해 두자.

사실은 그것이 슬럼프에서 탈출하는 최선의 방법이기 때문이다.

같은 말을 해도
가급적 긍정적인 말로 표현하자

긍정적인 말이 행운을 가져다준다

똑같은 표현을 하더라도 사용하는 언어에 따라 운세가 크게 달라
진다.

예를 들어 당신이 강연 의뢰를 받았다고 가정해 보자.

그럴 때 당신은 어떻게 대답할까.

"저 같은 사람이 강연은 무슨…. 절대 못해요.
전 대중 앞에서 말하는 건 정말 자신 없어요"

당신은 불쑥 그렇게 대답할지도 모른다.

그러나 "절대 못해요"라고 말해버림으로써 그 사람은 두 번 다시
당신에게 강연을 의뢰하지 않을 것이다.

다시 말해서 당신은 스스로 강연을 한다는 가능성을 거절해 버리
는 셈이다.

아마도 당신은 강연을 해본 적이 없었을지도 모른다.

또는 어렸을 때부터 남 앞에서 말을 하는 것을 부끄럽다고 생각하고 있을지도 모른다.

그러나 그런 이유만으로 정말 "강연을 할 수 없다"고 말할 수 있을까.

단순히 하고 싶지 않은 것은 아닐까.

더욱이 현 시점에서 하고 싶지 않다고 해서 앞으로도 영원히 하고 싶지 않은 것은 아닐 것이며, 하고 싶어질 때가 올지도 모른다.

그런데 "절대 못해요" 하고 거절해 버린다면 그런 가능성을 스스로 부정하는 것이 된다.

그러면 어떻게 하면 좋을까.

부정적인 표현을 사용하지 말고 대답하면 된다.

"고맙습니다. 지금은 다른 일로 바빠서 나중에 가능하게 되면 그때 제 쪽에서 연락드리겠습니다."

표현은 다소 다르지만 이와 같이 부정적인 표현을 사용하지 않으면 가능성을 닫아버리는 일은 없을 것이다.

따라서 언제나 언어 사용에 주의해야 한다.

부정적인 표현을 사용할수록 가능성이 닫혀진다.

반대로 부정적인 표현을 사용하지 않으면 행운이 찾아올 것이다.

왜냐하면 여러 가지 가능성이 인생을 적극적으로 개척해 주기 때문이다.

잠자기 전에 자신의 꿈을 다시 체크해 본다

가능하면 꿈이 현실화되었을 때를 생생하게 떠올려 본다.
그러면 마음이 느슨해졌을 때도 그 실현방법이 보이게 된다

자신의 꿈을 실현하려고 할 때도 일상생활에서 일어나는 여러 가지 사건에 반응하면 어느새 꿈이 흐지부지되고 만다.

- 전화가 오면 나도 모르게 장시간 수다를 떤다.
- 텔레비전 앞에 앉으면 재미있는 프로그램에 붙들려 아무 생각 없이 몇 시간씩 보고 만다.
- 전단지의 바겐세일 광고를 보면 쇼핑을 하러 나간다.

이와 같이 매일 일어나는 사건에 즉각적인 반응을 보이면 꿈을 실현하기 위한 시간을 빼앗겨 버리고 만다.

이와 같은 '유혹'에 지지 않기 위해서는 자신의 머릿속에 꿈을 고정시키는 것이 필요하다.

꿈이 생생하게 이미지화되어 있을수록 꿈을 실현시키는 단계가

구체적으로 떠오를 것이다.

왜냐하면 잠재의식은 항상 꿈을 실현시키려고 작용하기 때문이다.

잠재의식 속에 꿈을 강하게 각인시키는 가장 좋은 시간은 잠들기 직전이다.

아무리 바쁜 사람이라도 잠들기 직전에 10분 정도 시간을 낼 수 없는 사람은 없을 것이다.

침대에 들어가고 나서 실제로 잠이 들기까지 누구나 어느 정도 자유시간을 가질 수 있다.

잠들기 직전의 10분.

그 시간에 정말 실현하고 싶은 자신의 꿈을 생생하게 그려보자.

남이 어떻게 생각하든 관계없다.

전혀 불가능한 일이라도 상관없다.

꿈을 꾸는 것은 공짜이다.

리스크도 없을 뿐 아니라 어떤 대가가 필요한 것도 아니다.

구체적으로 그려보면 마치 꿈이 실현될 것 같은 착각이 들어 즐거운 마음으로 잠을 잘 수 있다.

그렇게 하면 자고 있는 몇 시간 동안 잠재의식이 꿈을 실현하는 방법을 생각해 준다.

이와 같은 습관을 지니면 자연히 깨어 있을 때도 꿈이 실현될 수 있도록 생각하는 버릇이 생긴다.

그리고 실제로 하나하나 그 실현방법이 구체적인 모습으로 보이게 된다.

다른사람이
어떻게 말하는지 개의치 말라

"인간은 언제나 자신이 생각하는 모습대로 된다".
따라서 자신의 이상적인 모습을 항상 그려보자

알 나이팅게일은 이렇게 말했다.

"동서고금의 사상가들은 여러 가지 면에서 의견을 달리했다.
그러나 어떤 한 가지 점에 대해서만은 이구동성으로 말하고 있다.
그 한 가지는 '인간은 언제나 자신이 생각하고 있는 그대로의 인간이 된다' 는 것이다"

그가 하는 말은 표현은 다르지만 여러 사상가들의 책에는 "인간은 언제나 자신이 생각하고 있는 그대로의 인간이 된다"와 거의 비슷한 내용이 씌어 있는 것 같다.

다시 말해서 스스로 "나는 ○○이다"라고만 생각하고 있으면 점점 그런 사람이 되어간다는 것이다.

왜냐하면 인간은 항상 고정되어 있는 존재가 아니라 조금씩 변화하고 있는데, 그 변화의 방향성을 결정하는 것은 본인의 잠재의식 속에서 자신을 어떻게 생각하고 있는가 하는 것이기 때문이다.

이는 꿈을 실현하고자 하는 사람에게는 반가운 소식이라고 할 수 있을 것이다.

왜냐하면 남이 어떻게 생각하고 있건,
어떤 환경에 처해 있건,
어떤 장애 요소가 있건
자신의.미래를 결정하는 가장 중요한 요소는
"나는 스스로를 어떻게 생각하고 있는가" 하는 것이기 때문이다.

만약 당신이 "나는 ○○가 되고 싶다"고 생각하고 있다면 스스로 "나는 ○○이다"라고 계속 생각하기만 하면 된다.

설령 그것이 무리할지라도 절대 자기 비판을 해서는 안 된다.
어떤 경로를 거쳐 그 이상적인 모습에 다가가는가 하는 것은 신에게 맡겨두면 되는 것이다.
어쨌든
끊임없이 "나는 ○○이다"라는 이미지만 계속 생각하면 실제로 당신은 그런 인간이 될 것이다.

거짓말을 해서는 안 되지만
허풍이라면 상관없다

허풍을 쳐서 남을 믿게 하면
그 기대에 부응하기 위해 전력을 다하게 된다

능력은 충분한데 항상 나약하게 말하는 사람이 있다.

그것은 겸손해서가 아니라 자기 비하를 하고 있는 것이다.

말하자면 스스로 자신의 가능성을 닫는 것이다.

C씨의 대학원 시절의 친구 얘기를 해볼까 한다.

C와 비슷한 수준의 대학을 C와 같은 대학원에 진학하여 같은 학위를 취득했다.

다시 말해서 C와 학력이나 능력 면에서 큰 차이가 없다.

C도 그녀도 아직 책 한 권 내지 않았을 무렵의 이야기이다.

우리는 둘 다 번역서를 내고 싶다는 꿈을 갖고 있었다.

그러나 그녀는 항상 이런 말을 하곤 했다.

"너처럼 열의가 있으면 번역서를 내줄 출판사를 찾을 수 있을 거야.

하지만 난 아무리 노력해도 문전박대 당할 게 뻔해"

하지만 정말 그럴까.

출판사 쪽에서 보면 C와 그녀는 둘 다 무명의 석사 출신이기는 마찬가지이다.

학력이나 실력도 이력서만 보면 큰 차이가 없다.

그런데도 그녀는 "난 아무리 노력해도 문전박대 당할 게 뻔해"라는 '현실적'인 견해를 가진 반면, C는 "난 작가가 될 거야. 내 진가를 알아주는 사람이 분명히 나타날 거라 믿어" 하고 '허세'를 부렸던 것이다.

두 사람의 차이는 '현실적'인 것과 '허세'였다.

그러나 그 후 '현실적'이었던 그녀는 한 권의 책도 출판하지 못했다. 그 반면 C는 지금까지 60여 권의 책을 내고 있다.

"나 같은 건 아무리 애써도 안 돼" 하고 생각하면 정말 그대로 된다.

본인이 항상 그렇게 말하고 있기 때문에 당연히 출판사에서도 의뢰를 해오지 않는다.

그러나 '허세'를 부리면서도 그 '허세'를 실현시키기 위해 노력하면 점점 그 '허세'가 '실현'되는 것이다.

왜냐하면 '허세'라는 것은 그 시점에서의 일에 지나지 않기 때문이다.

거짓말을 해서는 안 된다. 그러나 '허세'는 상관없다.

언제나 '허세'를 부리며 그것을 실현하기 위해 노력하면 그 '허세'에 가까운 일이 실현된다.

한 걸음,
아니 반걸음이라도 좋다

오늘, 꿈을 향해 가까이 다가갔는지 자문해 보자

꿈을 갖고 있어도 좀처럼 실현하지 못하는 사람은 '의지가 박약한 사람'이다.

그들에게도 꿈은 있다.

그러나 그들은 그 꿈을 실현하는 것보다 먼저 '해야 할 일'이나 '하고 싶은 일'이 있으면 그 일부터 해결하느라 자신의 꿈은 뒷전으로 밀어놓기 일쑤이다.

필자가 아는 사람 중에 "올해는 무슨 일이 있어도 논문을 발표할 계획이다"라고 말하면서도 몇 년 동안 손도 대지 못한 사람이 있다.

그는 그 꿈을 말하고 있을 때는 진지함 그 자체이다.

그러나 논문 집필 상황을 물어보면 반드시 다음과 같은 대답이 돌아오곤 했다.

"지금은 너무 바빠서 좀 한가해지면 쓰기 시작할 겁니다"

그런데 그는 바쁘다는 핑계로 장장 8년간이나 아무것도 쓰지 못하고 있다.
정말 '의지가 박약한 사람'이다.

그런 사람은 우리 주위에서 적지 않게 찾아볼 수 있다.

왜냐하면 일반 성인에게 가장 중요한 일이라고 하면 돈을 버는 일이며, 직접 돈을 버는 일로 연결될지 어떨지도 모르는 일에 매달리는 것은 불안하고도 하찮은 일로 여겨지기 때문이다.

의지가 박약해지지 않으려면 한 걸음, 아니 반걸음이라도 좋으니 어찌됐든 조금씩이라도 앞으로 나아가는 것이다.
그런 시도를 결코 중단하지 말아야 한다.

이상하게도 매일 계속하고 있으면 "앞으로도 꾸준히 계속해야 한다"는 마음이 잠재의식에 작용하여 꾸준히 시도할 마음이 들게 되는데, 단 하루라도 중단해 버리면 어느 날 갑자기 계속할 수 없게 되고 만다.
그리고 그 하루가 어느새 이틀이 되고, 사흘이 되어 버리기 십상이다.

꿈을 실현하려면 어찌됐든 조금씩이라도 앞으로 나아가는 것이 중요하다.

오늘, 지금 당장 앞으로 나아가자.
그리고 24시간 이내에 한 걸음이라도 전진해 보자.
그리고 그런 의지는 한시라도 중단해서는 안 된다.

스트레스를 아군으로 만들 수 있다면 뛰어난 업적을 낳을 수 있다

대부분의 사람은 스트레스는 나쁜 것이라고 생각하고 있다. 그러나 사실 스트레스 자체는 좋은 것도 나쁜 것도 아니다. 좋은 것도 나쁜 것도 양에 따라 결정되는 것이다.

'야키스-도슨의 법칙'에 의하면 "스트레스는 너무 적어도, 너무 많아도 베스트 퍼포먼스를 할 수 없다"고 한다.

스트레스가 너무 많으면 베스트 퍼포먼스를 할 수 없다는 것은 굳이 설명할 필요도 없을 것이다.

이혼 위기에 처했다,
마감이 임박했다,
경제적으로 파산 위기에 처했다,
급하게 가야 하는데 길이 꽉 막혔다 등등.

이런 상태에서는 베스트 퍼포먼스는 기대하기 어렵다.

이럴 때는 스트레스를 줄여야 한다.

반대로 스트레스가 전혀 없으면 퍼포먼스는 내려간다.

예를 들어 100미터 달리기 선수가 "어떻게든 꼭 이기고 싶다"고 생각하는 라이벌과 함께 달리는 것은 그 자체가 부담이 되는 일이다.

그러나 자기 혼자서, 그것도 기록도 재지 않고 달리면 전혀 부담이 되지 않기 때문에 좋은 기록이 나올 리가 없다.

라이벌과 함께 달린다는 부담이 있기 때문에 의욕이 배로 늘어나는 것이다.

강연을 할 때도 관객이 가득 차 있으면 부담은 되지만 강연을 할 의욕이 생긴다.

그러나 관객이 한 사람도 없는 곳에서 혼자 두 시간 정도 강연을 하라고 하면 정말 맥이 빠질 것이다.

사실 어떤 분야에서도 뛰어난 업적을 올리는 사람은 스트레스를 최소화하는 것이 아니라 최적화한다.

스트레스가 너무 적다고 판단되면 스스로 자신에게 할당량을 부과하거나 라이벌과 경쟁을 하기도 하는 등 스스로에게 적당한 스트레스를 준다.

스트레스를 최적화해야만 자신의 능력을 최대한 발휘할 수 있다는 것을 기억해 두자.

그리고 스트레스가 적다고 판단되면 스스로 자신에게 스트레스를 준다.

사건은 사건. 생각하기에 따라서 긍정적이 되기도 하고 부정적이 되기도 한다

사건을 긍정적으로 받아들이고 앞으로 나아가자

무슨 일을 하든 조금만 어려운 일에 부딪치면 금방 내던져 버리는 사람이 있다.

그런 사람에게는 커다란 성공은 기대할 수 없다.

왜냐하면 커다란 성공일수록 쉽게 손에 넣을 수 없기 때문이다.

그런데 왜 그들은 그렇게 쉽게 포기해 버리는 것일까.

그것은 어려움을 타개하고 성공한 체험이 거의 없기 때문이다.

따라서 조금만 어려운 일에 부딪치면 하기가 싫어져서 당장 그만두고 싶어지는 것이다.

예를 들어 뭔가에 도전해도 몇 번 실패하면 곧바로 포기하는 사람이 있다고 가정해 보자.

그들은 불과 몇 번의 실패로 "나한테는 이 일을 완수할 능력이 없다"며 쉽게 중단하고 만다.

그러나 몇 번을 시도해도 잘 풀리지 않았다는 것은 단순히 그런 이유만은 아닐 것이다.

반드시 "그 일을 완수할 능력이 없다"는 의미가 되지는 않는다.

다시 말해서 그들은 '몇 번의 실패'를 경험한 뒤에는 "나한테는 이일을 완수할 능력이 없다"고 부정적으로 생각해 버린다.

그러나 일단 자신을 부정적으로 생각해 버리면 점점 더 부정적인 색으로 물들고 만다.

예를 들어 어느 여성이 애인으로부터 어느 날 갑자기 "너하고 얘기하는 게 조금도 재미가 없다"는 선언과 함께 버림을 받았다고 가정해 보자.

실제로 그 남자와 이따금 대화가 잘 통하지 않았을지도 모르지만 상대방으로부터 그런 말을 들으면 그녀 자신도 "내가 하는 말은 재미가 없다"며 자신을 부정적으로 보게 될지도 모른다.

그랬던 그녀가 뷔페 파티에 가서 여러 남성들을 만났다고 해보자.

그런데 그녀는 어느 남성과도 오래 대화를 나누지 못하고 결국 상대방 남성들은 그녀 곁에서 떠나버린다.

이런 경우 이미 자신을 부정적으로 생각하고 있는 그녀라면 점점 더 "내가 하는 말은 재미가 없다"고 확신하게 된다.

그러나 실제로는 그 파티에 참석한 남성들이 교양이 없어 그녀와 비슷한 수준으로 대화를 나눌 수 없는 사람들이었을지도 모를 일이다.

사건은 사건일 뿐이다.

간혹 실패를 할 수도 있다.

어쩌다 보면 대화가 통하지 않는 사람을 만날 수도 있다.

그런데 그것을 "나한테는 능력이 없다"든가 "내가 하는 말은 재미가 없다"는 식으로 부정적으로 생각하게 되면 스스로에게 자신감을 가질 수 없게 된다.

어떤 사건이든 색안경을 끼고 보지 말아야 한다.

실패를 하더라도 그것은 "그때 실패했었다"는 것으로 끝나야 한다.

습관 4

자신의 능력을
최대한 발휘하기 위한
작은 습관

꿈이 실현될 때까지의
'노력의 양'은 정해져 있다

누구든지 그 '양'을 소화시키기만 하면
꿈은 반드시 실현된다

꿈을 중도에 포기하는 사람은 성공할지 어떨지의 여부는 선천적인 재능으로 결정된다고 생각한다.

그러나 선천적인 재능이 있는지 없는지로 결정하는 것은 극히 소수의 직업뿐이다.

대부분의 직업은 어떤 일정한 노력을 기울이면 누구든지 가능하다.

예를 들어 잇따라 저서를 출간하는 B씨를 보고 이렇게 말하는 사람이 있다.

"나도 번역서를 내고 싶은데. 하지만 난 아무리 노력해도 그런 일은 무리야"

그들은 역서를 내려면 선천적인 재능이 필요하다고 생각하고 있다.

그러나 번역서를 출간할 수 있게 될 때까지의 노력의 양은 누구나 마찬가지이다.

같은 양의 영문을 읽고, 같은 양의 영어를 듣고, 같은 양의 번역 연습을 하면 누구라도 같은 수준의 번역을 할 수 있게 된다.

"어떤 사람은 할 수 있는데 나는 할 수 없다"는 것은 자신의 노력의 양이 부족하다는 것을 말하며, 선천적인 재능과는 아무 관련이 없는 경우가 많다.

어떤 작가는 이것을 트럼프 카드에 비유해서 말한다.

예를 들어 스페이드 에이스를 '자신이 이루고자 하는 꿈'이라고 가정해 보자.

그리고 트럼프를 한 장 한 장 뒤집어 '꿈'을 실현하고 싶다고 해보자.

그러면 누가 뒤집어도 53회 펼치면 반드시 '꿈'이 열린다.

10회째에 꿈이 이루어질지도 모른다.
20회째, 아니 30회째가 될 수도 있다.
그러나 어떤 사람이 열어도 53회 이내에는 반드시 '꿈'이 나온다.

번역가가 되는 것도 그와 마찬가지이다.
어떤 일정한 양만 노력하면 누구라도 틀림없이 번역가가 될 수 있다.

아니, 번역가만이 아니라 어떤 꿈이든 어떤 일정한 양의 노력만 하면 이룰 수 있다.

꿈을 실현하려는 생각만 있다면 꿈을 실현하기까지 기울여야 할 '노력의 양'은 정해져 있으며, 노력만 하면 반드시 실현할 수 있다는 것을 기억하기 바란다.

꿈을 실현하려면
'잠복기간'을 '기다리는' 것이 중요하다
자신을 믿고 끈기 있게 지속해 나가면
나중에 큰 성공을 거둘 수 있다

꿈을 실현하고 있는 사람은, 바꾸어 말하면 '기다릴 수 있는 사람'
이다.

'기다릴 수 있는 사람'은 언젠가 꿈을 실현할 가능성이 있다.

그 반면 '기다릴 수 없는 사람'은 쉽게 꿈을 포기하게 된다.

꿈이 실현되기까지의 오랜 '잠복기간'을 견딜 수 없기 때문이다.

대나무는 땅 위에 싹을 틔우기까지 4년이라는 긴 시간이 걸린다.

그 4년간, 육안으로 보기에는 아무 일도 일어나지 않는 것처럼 보
인다.

그런데 5년째에 일단 싹을 틔우고 나서는 믿을 수 없을 정도로 쑥
쑥 성장한다.

이것을 '파죽지세'라고 한다.

땅 위에 싹을 내밀기까지의 4년은 '잠복기간' 같은 것이다.

"이러다가는 몇 년이 지나도 싹을 틔우지 못하는 것이 아닐까" 하고 생각한다.

그러나 그 4년 동안 땅속에서는 굳건히 뿌리를 내리고 있다.

따라서 일단 싹을 틔우고 나서는 엄청나게 빠른 속도로 성장할 수 있는 것이다.

꿈을 실현하는 것도 이와 유사하다.

어느 날 갑자기 싹이 나오는 것이 아니라 먼저 오랜 '잠복기간'을 거치는 것이며, 절대 예외는 없다.

이러한 '잠복기간'에 자신을 믿고 기다리는지, 기다릴 수 없는지에 따라 꿈을 실현할 수 있는지 불가능한지가 결정된다.

'기다릴 수 있는 사람'은 꾸준히 끈기 있게 뿌리를 내린다.

뿌리를 튼튼하게 뻗치면 싹이 나온 후의 성장도 그만큼 빨라진다.

꿈을 실현하는 것은 2, 4, 6, 8, 10, 12, 14, 16, 18⋯이라는 식의 등차수열이 아니다.

0, 0, 0, 0, 2, 4, 8, 16, 32, 64⋯라는 식의 등비수열이다.

믿고 기다릴 수 있는 사람만이 나중에 큰 성공을 거머쥘 수 있다.

돈의 진정한 가치를
알도록 하자
돈은 '돈을 소중하게 다루어 주는 사람'에게 모인다

사람은 누구나 부자가 되고 싶다고 생각한다.
그러나 실제로 부자가 될 수 있는 사람은 그다지 많지 않다.

왜 그럴까.
왜 대부분의 사람들은 부자가 될 수 없는 것일까.

그것은 '돈은 더러운 것', '청렴하게 살아가는 것이 존경스럽다'
는 등으로 잘못 믿고 있기 때문이다.

자신을 비난하는 사람과 교제하고 싶다고 생각해본 적이 있는가?
당신은 비난을 당하면 분명 그 사람으로부터 멀리 도망가려고 생
각할 것이다.

그와 마찬가지로 당신이 '돈은 더러운 것' 이라고 믿고 있으면 돈은 당신으로부터 멀리 달아날 것이다.

돈에도 마음이 있어 비난을 받으면 도망친다.

'돈은 더러운 것' 이라는 잘못된 신념은 버려야 한다.

돈은 깨끗한 것도, 더러운 것도 아니다.

사용하기에 따라서는 깨끗한 것이 되기도 하고, 더러운 것이 되기도 한다.

다른 예를 들어보기로 하자.

불 또한 깨끗한 것도, 더러운 것도 아니다.

불을 사용하여 방을 따뜻하게 데울 수도 있는 반면, 사람을 태워 죽일 수도 있다.

사람에게 이롭게 사용되면 불은 깨끗한 것이 되며, 사람에게 해를 끼치면 더러운 것이 된다.

돈을 깨끗한 것으로 만들지, 더러운 것으로 만들지는 전적으로 본인에게 달렸다.

따라서 돈의 진정한 가치를 아는 것이 중요하다.

만약 당신이 더러운 방법을 사용하여 막대한 돈을 벌었다면 얼마 지나지 않아 돈은 당신에게서 도망쳐 버린다.

만약 도망치지 않더라도 그런 좋지 않은 돈을 갖고 있다면 당신과 돈의 조화가 이루어지지 않아 당신은 신세를 망칠 수도 있다.

　그러나
　당신이 자신의 재능을 충분히 발휘하여 남에게 봉사할 목적으로
돈을 번다면 돈은 점점 당신 수중에 들어오게 된다.
　왜냐하면 돈은 자신을 소중하게 취급해 주는 사람을 좋아하기 때
문이다.

문제가 생겼을 때
그 원인만 생각하는 것은 보통 사람,
어떻게 하면 좋을지를 생각하는 것이
성공하는 사람

문제가 생겼을 때 보통 사람은 그 원인에만 초점을 맞춘다.
"누가 잘못했을까?", "무엇이 잘못된 걸까?" 등등.

그 결과 문제가 해결되느냐 하면 그렇지 않다.
그들은 문제가 저절로 해결되기 바라지만 문제가 저절로 해결될
정도라면 처음부터 문제가 되지 않았을 것이다.
결국 문제는 여전히 그대로 남아 있는 경우가 많다.

성공하는 사람은 문제가 생겼을 때
"거기에 대해 나는 어떻게 대응하면 좋을까?",
"어떻게 하면 해결될 수 있을까?"
에 초점을 맞춘다.

그리고 항상 그렇게 생각하는 습관을 익히면 익힐수록 문제 해결 능력이 높아져 결국에는 '성공한 사람' 으로 일컬어지게 된다.

사실 '성공한 사람' 이란 문제 해결 능력이 뛰어난 사람을 말한다. 예를 들어 성공한 의사라고 하면 난치병을 고치는 의사를 말한다.

성공한 변호사란 어려운 사건을 해결할 수 있는 변호사를 말한다. 다시 말해서 아무나 해결할 수 없는 어려운 문제를 해결하는 능력을 높이면 높일수록 다른 사람으로부터 존경을 받게 되며, 그와 더불어 높은 보수를 받을 수 있게 된다.

이러한 문제 해결 능력은 타고나는 것이 아니라 단련하면 단련할수록 몸에 배는 일종의 기술 같은 것이다. 예를 들어 피아노나 바이올린도 연습을 하면 할수록 잘할 수 있는 것처럼 문제 해결 능력도 연습을 하면 할수록 향상될 수 있다.

그러면 어떤 연습 방법이 있을까. 그것은 무슨 일이든 해결 방법을 생각하고 시도해 보는 것이다. 마치 피아노나 바이올린도 연습을 하면 할수록 실력이 향상되는 것과 마찬가지로 해결 방법을 생각하고 시도하는 횟수가 늘어나면 늘어날수록 숙련이 되는 것이다.

문제가 생겼을 때 이런 방법을 떠올려 보자. 누가 나쁜지, 무엇이 잘못되었는지 등에만 초점을 맞추면 문제 해결 능력은 향상되지 않는다.

항상 "어떻게 하면 좋을까?"를 생각하면 언젠가는 커다란 성공을
거머쥘 수 있을 것이다.

빼앗으면 빼앗을수록 가난해지고, 주면 줄수록 풍성해진다

이러한 '방출과 유입의 원리'를 이해하면 꿈이 몇 배나 실현하기 수월해진다

샤크티 가와인은 『이상적인 자신이 될 수 있는 법』이라는 책에서 '방출과 유입의 원리'를 설명하고 있다.

이것을 간단히 설명해 보자.
이 세상에 존재하는 모든 것은 에너지로 이루어져 있다.
고체만이 아니라 액체나 기체도 그 근원은 에너지이다.
그리고 만물은 유전(流轉)하는 성질을 갖고 있다.
다시 말해서 어떤 종류의 에너지든 태어나거나 사라지는 일 없이 다른 에너지로 전환될 뿐 소멸되는 일은 결코 없다.

'방출과 유입의 원리'라는 것은 무엇인가를 방출하면 반드시 무엇인가가 유입된다는 원리이다.
이는 대자연의 시스템이 '비어 있는 공간'을 싫어하기 때문에 무엇인가를 방출하면 반드시 거기에 무엇인가가 유입되기 때문이다.

예를 들어 당신이 1리터의 물을 길에 흘려보냈다고 가정해 보자.
그러면 그 물이 갑자기 사라져 버리는 일은 없다.
강으로 흘러갈지도 모르지만 그런 경우에는 강으로 '유입' 된 것이
되며, 또 그 자리에서 증발했다고 해도 그 물은 하늘로 '유입' 된 것
이 된다.

소멸하는 것은 있을 수 없는 일이다.
다시 말해서 무엇인가를 '방출' 하면 반드시 어딘가로 '유입' 된다.

사실은 물질만이 아니라 애정이나 우정, 상대방에 대한 배려 등도
일종의 에너지이다.
당신이 '애정' 을 방출하면 그것이 갑자기 소멸하는 일은 없다.
그 에너지는 어딘가에 '유입' 되는데, 결국에는 돌고 돌아 다시 당
신에게 돌아올 것이다.

따라서 플러스 에너지를 '유입' 하고 싶으면 그만큼 플러스 에너지
를 '방출' 하면 된다는 것을 알 수 있을 것이다.

사람은 누구나 다른 사람이 친절을 베풀면 자신도 그 사람에게 친
절을 베풀고 싶어진다.
반대로 심한 푸대접을 받으면 그 사람에게 앙갚음을 하고 싶어지
게 마련이다.

그러나 대부분의 사람은 자신이 다른 사람에게 아무 대가 없이 무엇인가를 베풀어주면 '손해'라고 생각한다.

그런 태도를 보이기 때문에 자신에게 플러스 에너지가 '유입'되지 않는 것인데, 그런 사실을 이해하지 못하고 있기 때문이다.

'방출과 유입의 원리'를 이해하고 있으면 주면 줄수록 풍성해질 수 있다는 것을 알 수 있게 되며, 자신의 꿈을 실현하기가 수월해진다.

'관성의 법칙'을
잘 활용하여
꿈을 실현하자

아이작 뉴턴은 '관성의 법칙'을 발견했다.

'관성의 법칙'이란 어떤 물체가 어떤 방향으로 움직이고 있을 때 그것을 끌어당겨 멈추는 힘이 발생하지 않는 한 그 방향으로 계속 움직인다는 법칙을 말한다.

이러한 '관성의 법칙'은 인간에게도 적용할 수 있다.

인간도 어떤 행위를 할 때 특별히 불합리한 경우가 발생하지 않는 한 같은 행위를 반복한다.

일부러 리스크를 안고 새로운 것에 도전하기보다도 아무런 돌출적인 문제가 생기지 않는 같은 일을 하는 것이 정신적으로 편하기 때문이다.

이는 좋고 나쁜 문제가 아니다.

인간이라면 누구나 그렇게 하는 습성이 있다.

예를 들어 일단 어떤 작가가 잘 나가면 출판사는 당연히 다음에도 그 작가에게 작품을 의뢰할 것이다.

그 다음에도 책이 잘 팔리면 잇따라 그 다음 작품도 그 작가에게 쓰도록 할 것이다.

이는 그 작가에게 '관성'이 발생하고 있다는 것으로 설명할 수 있다.

이와 같이 좋다고 판단되면 그대로 계속하면 되는 것이다.

그러나 '관성의 법칙'을 오용하면 성공이 멀어지는 경우도 있다.

끊고 싶어도 끊을 수 없는 지긋지긋한 인연이 그 좋은 예가 될 것이다.

또 이혼하는 것에 대한 두려움 때문에 더 이상 유지할 수 없는 결혼생활을 질질 끌며 계속 이어가는 것도 이러한 '관성의 법칙'을 오용한 예이다.

자신이 불행하다는 것을 알고 있으면서도 거기에서 빠져나올 노력을 하는 것이 싫기 때문에 불행에 안주하고 마는 것이다.

또 현재 생활에 그다지 만족하고 있지 못하지만, 이렇다 할 아무런 노력도 하지 않는 사람도 '관성의 법칙'을 오용하는 사람들이다.

그들은 일상생활에 부족함을 느끼면서도 스스로의 노력으로 그것을 바꾸어보려고 하지 않는다.

항상 같은 사람과 사귀고, 같은 음식을 먹고, 같은 텔레비전 프로그램을 보고…. 그저 똑같은 생활을 반복하고 있을 뿐이다.

특별한 일이 없는 한 스스로 새로운 일에 도전해 보려는 생각을 하지 않는다.

현재 자신에게 뭔가 부족함을 느끼고 있는 경우 그 상태로 질질 끌며 세월만 보내고 있으면 성공은 절대 기약할 수 없다.
성공을 이루기 위해서는 스스로 그 흐름을 바꾸고자 하는 마음을 가져야 한다.

마음을 새롭게 하여 그동안 접해 보지 않은 책을 읽거나 세미나를 들어보기도 하고, 전문적인 공부를 하기 위해 대학원에 진학해서 공부를 해보거나 자격시험을 치러 보기도 하는 것도 좋다.
또 운동을 시작해 보거나 식생활을 바꾸어 보는 것도 좋은 방법이 될 것이다.

어떤 일이라도 상관없다.
지금까지 한 번도 해보지 않았던 일에 뛰어들어 보는 것이다.
그렇게 하면 구태의연한 자신에게서 빠져나올 수 있는 계기를 마련할 수 있을 것이다.

무엇인가를 달성한다는 것은
무엇인가를 체념하는 것

꿈을 실현하고 싶다면 그 꿈을 실현하는 데
도움이 되지 않는 것은 적극적으로 체념하자

"프리마돈나(오페라에서 주역을 맡는 여자 가수)가 되고 싶으면 모든 욕망을 체념해야 한다"

조세프 머피의 저서 중에 나오는 한 구절이다.

나는 '체념한다'는 말을 싫어했었기 때문에 처음 이 문장을 읽었을 때는 받아들이고 싶지 않았다.
그러나 실제로 꿈을 실현하고자 하면 무언가를 체념하지 않으면 안 된다.

예를 들어 A대학에 진학하고 싶어하는 사람이 있다고 가정해 보자.
그런데 그는 B대학과 C대학에도 관심이 있다.

그러나 현실적으로 선택할 수 있는 것은 한 군데뿐이다.
A대학에 진학한다면 B대학과 C대학은 포기해야 한다.

다른 예를 들어보자.
날씬해지고 싶은 여성이 있다고 가정해 보자.
날씬해지려면 건강식을 섭취하고, 간식을 삼가고, 적당한 운동을 하는 등 해야 할 일이 많이 있다.
이것을 반대로 표현하면 지방분이 많은 음식을 포기하고, 간식도 포기하고, 게으른 생활을 포기하는 것이 된다.
다시 말해서 날씬해지기 위해 포기해야 할 일이 너무도 많은 것이다.

꿈을 실현시키는 것도 이와 마찬가지이다.
꿈을 실현시키고 싶으면 그러기 위한 시간이나 노력, 비용 등을 들여야 할 필요가 있는데, 이를 바꾸어 말하면 '그 이외의 일'에 낭비하는 시간이나 노력, 비용 등을 포기해야 한다는 말이 된다.

그것을 이해하면 꿈을 실현하기 위해 '체념한다'는 것은 결코 소극적인 것이 아니라 오히려 적극적이라는 것을 알 수 있을 것이다.

인간에게 주어진 시간은 누구에게나 공평하게 하루 24시간이다.
따라서 이것저것 모두 실현시킬 수는 없다.

꿈을 실현하는 데 도움이 되지 않는 일은 적극적으로 체념하는 것.
그것이 결과적으로 꿈을 실현하는 데 커다란 도움이 된다.

연휴 같은 시기야말로
꿈에 근접할 수 있는 좋은 기회
연휴 등에 목표를 세워 도전하는가, 아니면
멍하니 보내는가에 따라 큰 차이가 난다

"신년 연휴가 가장 집중적으로 일이 잘된다"

어느 책에서 이런 내용을 읽은 적이 있다.

다른 사람이 모두 쉬고 있을 때 '집중적으로' 일에 매달린다는 것이다.

이런 사람에게 '휴식'은 그저 멍하니 보내는 시간이 아니라 꿈에 접근하기 위한 준비기간인 셈이다.

그들에게 있어 휴일은 느긋하게 쉬면서 보내는 것보다 자신의 잠재능력을 최대한 발휘할 수 있는 기회로 소중히 사용되고 있는 것이다.

K씨의 예를 보자.

사실 K씨도 회사원이었을 때 황금연휴나 신년 연휴 등의 장기 연휴 때는 반드시 어떤 목표를 세워 철저히 지키곤 했다.

당시의 K씨는 아직 유학을 가본 적도 없고 영어 실력도 불안정하였기 때문에 영어 책을 독파하는 것을 목표로 삼았다.

연휴가 9일이면 책을 아홉 권 이상 읽고, 10일이면 10권 이상이라는 식으로 날짜에 따라 독파하는 영어 책의 수를 정해 둔다,

그리고 연휴 전에 책을 구입해 둔 다음 연휴가 시작되자마자 "준비 땅!" 하고 목표 달성을 향해 돌진하곤 했다.

열흘간의 연휴 기간 동안 10권 이상의 영어 원서를 읽는다는 것은 그 당시 K씨로서는 너무나 어려운 도전이었다.

그러나 그런 도전을 해마다 두 차례 스스로에게 부과하고 매년 계속 실천해 나간 것이 지금의 K씨를 만든 것이라고 자부하고 있다.

텔레비전에서 방송하는 신년 프로그램을 보며 느긋하게 시간을 보내고 있다 보면 눈 깜짝할 사이에 연휴는 끝나버리고 만다.

연휴를 그렇게 보내면 안 된다고 말할 생각은 없다.

그러나 꿈을 실현하고자 하는 사람은 그런 때일수록 집중하여 자신의 꿈을 향해 지속적인 노력을 경주해 나가야 할 것이다.

실제로

전화 등의 방해꾼이 비집고 들어올 가능성이 낮은 연휴 등이 자신이 하고 싶은 일을 가장 확실하게 처리할 수 있는 시간일 것이다.

대가를 바라지 말고
좋아하는 일이 있으면
열심히 해보자

그렇게 하는 동안 진정한 꿈을 발견할 수 있다

"꿈을 실현하느니 어쩌니 하는데 나한테는 꿈 자체가 없다"

이렇게 말하며 한탄하는 사람들이 있다.

그런 사람들에게 내가 어떤 자격시험을 목표로 공부하고 있다고 말하면 다짜고짜 이렇게 말한다.

"그런 시험에 통과해서 뭘 할 거예요?"

그들은 내가 좋아서 공부하고 있다는 것이 아무래도 이해가 되지 않는 모양이다.

자격을 취득하고 나서는 그 자격이 직접 돈을 버는 데 연결되지 않는 한 노력하는 것 자체가 헛된 일이라고 여기는 것이다.

그렇다면 그들이 직접 돈을 버는 일에 연결되지 않는 일은 전혀 하고 있지 않는가 하면 결코 그렇지도 않다.

텔레비전이나 영화를 보거나 음악을 듣기도 하고, 애완동물을 키우거나 여행을 가기도 한다.
그들도 내가 자격시험 공부를 하는 것과 마찬가지로 직접 돈을 버는 일에 연결되지 않는 일에 이것저것 매달리고 있는 것이다.

그들이 나에게 "그런 시험에 통과해서 뭘 할 거예요?" 하고 묻는다면, 나는 나대로 "영화를 봐서 뭘 할 거예요?", "텔레비전을 보아서 뭘 할 거예요?", "음악을 들어서 뭘 할 거예요?" 하고 되묻고 싶어질 정도이다.

그러나 만약 내가 그들에게 그렇게 물었다고 해도 "즐거우니까 하는 거죠"라는 대답밖에 돌아오지 않을 것이다.
마찬가지로 내가 공부를 하거나 자격시험을 목표로 하는 것은 즐거움 이상이 아니다.

꿈을 실현하고자 하는 마음을 갖고 있다면 "나에게는 꿈이 없다"는 식으로 한탄할 것이 아니라 자신이 좋아하는 일을 지속적으로 추구해 보기를 권한다.

예를 들면 영화를 좋아한다면 영화 평론을 하는 일을 찾으면 되는 것이다.
애완동물을 좋아한다면 애완동물 사진을 찍거나 트리마 자격을 취득하는 것도 좋을 것이다.

또 애완동물과 관련된 에세이를 써서 투고해 보는 것도 재미있을 것이다.

이런 식으로 계속 도전하다 보면 언젠가는 자신의 꿈을 발견할 수 있을 것이다.

"그런 일을 해서 뭐해요?" 하고 물을 시간이 있으면 자신이 좋아하는 일에 적극적으로 뛰어들어 보는 것이 훨씬 건설적이지 않을까.

성공하고 있을 때야말로 다음 성공을 위한 준비를 하자

자연계에는 사계절이 있다.

따뜻한 봄, 더운 여름, 시원한 가을, 추운 겨울이 차례대로 찾아온다.

사실은 비즈니스에도 '사계' 가 있다.

이것은 히트 상품의 매출을 생각해 보면 알 수 있다.

처음에는 그저 그런 매출을 보이던 상품이(봄), 불이 붙어 폭발적으로 팔려 나간다(여름). 그 후 매출도 떨어지기 시작하여(가을), 마지막으로 더 이상 팔리지 않게 되는 시기(겨울)가 찾아온다.

매출이 선회하는 것은 마치 자연계의 사계절에서 기온이 변화하는 듯한 산 모양의 커브를 그리는 것이다.

이것이 '사계의 법칙' 이다.

대부분의 상품에는 이러한 '사계의 법칙' 이 적용된다.

이 같은 '사계의 법칙'을 마음에 새기고 있는 사람이야말로 성공을 오래 지속할 수 있다.

가장 좋은 예가 바로 리처드 브랜슨일 것이다.

그는 다양한 사업에 손을 대어 성공을 거두었는데, 그런 일이 어떻게 가능했을까.

그것은 그가 현존하는 사업이 '여름'을 지나 '가을'로 접어들 때 새로운 사업으로 전환하기 때문이다.

그는 현존하는 사업이 이윽고 '가을'이 되고 '겨울'이 찾아온다는 것을 미리 예견할 수 있었던 것이다.

따라서 하향길에 접어들기 전에 새로운 사업에 착수하는 것이다.

그런데 실패를 거듭하는 경영자는 '여름' 시기에 자만하여 얼마 지나지 않아 '겨울'이 찾아오는 것에 대해 아무런 대비도 하지 않는다.

그래서 애써 거머쥔 성공을 오래 지속할 수가 없는 것이다.

성공을 오래 유지하기 위한 비결은 '여름' 시기에 자만하지 않는 것이다.

아무런 노력도 하지 않고 '여름'이 영원히 지속될 수는 없다.

언젠가는 반드시 '가을'이 되고 '겨울'이 찾아온다.

이러한 사실을 염두에 두지 않으면 '여름' 시기야말로 다가올 '가을'이나 '겨울'을 대비하기 위한 준비기간이라는 것을 알 수 있을 것이다.

다시 말해서

성공하고 있을 때야말로 다음 성공을 위한 준비기간인 것이다.

자신의 힘으로 이루어지는 것은 '꿈', 남의 힘으로 이루어지는 것은 '환상'

꿈은 자신의 힘으로 이루도록 한다

"당신의 꿈은 무엇인가요?"

만약 이런 질문을 받았을 때 당신은 주저하지 않고 대답할 수 있는 가?

어떤 세미나 강사의 말에 의하면 이런 질문에 즉시 대답할 수 있는 사람은 극히 소수라고 한다.

그런데 그 소수의 사람 중에서도 **꿈**이 아니라 **환상**을 보고 있는 사람이 많다는 것이다.

꿈이란 자신의 노력으로 이루어지는 것이다.

한편 환상이란 자신은 노력하지 않고 자신 이외의 요소가 자신을 좋게 만들어주기를 바라는 것이다.

예를 들면 이런 말을 하는 여성이 있었다.

"제 꿈은 앞으로 프랑스에서 사는 거예요. 여행이 아니라 직접 가서 살아보고 싶어요. 그림도 배우고 싶고"

그녀는 프랑스에서 살면 뭔가가 변할 것이라고 생각하고 있다.

사실은 현재의 삶에 지쳐 있을지도 모른다.
매일 야근이 계속되는 생활, 그다지 즐겁지 않은 일… 그런 생활에서 도망치고 싶다는 일념뿐이다.

그런데 그녀는 정말로 그림 공부를 하고 싶은 것일까.
또 프랑스어 공부를 하고 있을까.
혹은 프랑스 유학을 가기 위한 자금을 모으고 있을까.

대답은 모두 '노!' 이다.
다시 말해서 "프랑스에 장기 유학을 간다"는 그녀의 꿈은 꿈이 아니라 환상에 지나지 않는 것이다.

만약 "프랑스에 장기 유학을 간다"는 것이 그녀의 꿈이라면 그 꿈을 실현하는 데 자신의 노력으로 이루려고 할 것이다.
예컨대 알뜰히 저축하거나 프랑스어를 공부하거나 미리 그림 공부를 해두는 등등.

그런 노력을 하지 않고 단순히 "프랑스에 가면 뭔가가 있다"고 생각하고 무작정 프랑스에 가본들 아무 일도 일어나지 않는다.
시간만 낭비하고 아무 소득도 없이 돌아와야 할 것이다.

꿈이란 자신의 노력으로 이루어지는 것.
"어딘가에서 행복이 찾아올지도 모른다"는 생각은 꿈이 아니라 환상에 지나지 않는 것이다.

습관 5

남과 보조를 맞추면서
자신을 성장시키는
작은 습관

진정으로 성공하려면 신뢰를 저버리지 않는 '브랜드 구축'을 첫째로 생각해야다

신뢰를 받으면 받을수록 결국 커다란 성공으로 이어진다

'비즈니스에서의 성공'이란 이윤을 남기는 것이다.
이윤이 크면 클수록 비즈니스에서 성공했다고 말할 수 있다.

한편 '마케팅에서의 성공'이란 신규 고객을 확보하는 것이다.
확보한 고객이 많으면 많을수록 마케팅에 성공했다고 할 수 있다.

그런데 '비즈니스에서의 성공'이나 '마케팅에서의 성공'이 곧바로 '브랜드 구축의 성공'으로 연결되지 않는 사례가 많다.

간단한 예를 들어보자.
예를 들어 카레라이스 가게가 있다고 가정해 보자.
'비즈니스에서의 성공', 즉 이윤을 남기려고 생각하면 여러 가지

방법이 있다.

상품의 가격을 높게 책정하고, 값싼 재료를 사용하며, 인건비를 줄이면 이윤은 높아진다.

그런 방법으로 이윤을 남기면 '비즈니스에서의 성공'은 훌륭히 완수한 것이 된다.

게다가 자신이 운영하는 가게가 텔레비전이나 잡지에 실리면 신규 고객도 많이 확보할 수 있을 것이다.

다시 말해서 '마케팅에서의 성공'도 이룬 셈이다.

그러나 음식 맛이나 가게 분위기가 좋지 않으면 고객은 두 번 다시 찾아오지 않을 것이다.

즉, 그 가게는 손님들로부터 신뢰를 받지 못하여 '브랜드 구축'에는 실패한 것이다.

이런 가게는 일시적으로 '비즈니스에서의 성공'이나 '마케팅에서의 성공'은 확보했어도 단골 손님을 확보하지 못했기 때문에 그 이후의 과정은 불을 보듯 뻔하다.

진정으로 성공하려면 신뢰할 수 있는 '브랜드 구축'을 첫째로 생각해야 할 것이다.

왜냐하면 신뢰를 받으면 받을수록 그것이 결국에는 '비즈니스에서의 성공'이나 '마케팅에서의 성공'으로 이어지기 때문이다.

마찬가지로 자신만의 브랜드를 구축할 때에도 똑같이 적용할 수 있을 것이다.

돈을 버는 데만 혈안이 되어 다른 사람의 신뢰를 저버리는 사람이라면 일시적으로 성공을 거둘 수는 있어도 언젠가는 사람들이 등을 돌릴 것이다.

가장 먼저 생각해야 할 일은 수익을 창출하거나 거래처를 늘리는 것이 아니라 "이 사람이라면 절대적으로 믿을 수 있다"는 자신만의 브랜드를 구축하는 것이다.

자신만의
브랜드를 키워나가라

브랜드를 키우면 키울수록 큰 꿈이 실현되기 쉽다

우리는 물건을 구입할 때 브랜드로 구매 의사를 결정하게 되는 경우가 자주 있다.

예를 들면 어떤 상품이 몇 개의 회사에서 제조되고 있을 경우, "이 제조회사 것이라면 틀림없을 것이다"라는 식으로 제조회사만 보고 구입을 결정하는 식이다.

미국에서는 삼성의 전기 제품이 다른 제조회사 것보다 비싼 값에 팔린다고 한다.

성능이나 기능 면에서 큰 차이가 없는데도 비싸게 팔리는 것이다.

이는 미국인들이 "삼성 제품이라면 안심할 수 있다"고 생각하는 증거라고 할 수 있다.

그만큼 삼성의 브랜드에는 힘이 있는 것이다.

삼성의 예에서도 알 수 있듯이 브랜드의 힘이 강해지면 대부분의 사람들은 그 브랜드에만 '할증 요금'을 지불해 주게 된다.

똑같은 비용이나 노력을 들여 같은 물건을 만들어도 브랜드만으로 '할증 요금'을 확보할 수 있기 때문에 그 이상 효율적인 것도 없다.

그 정도로 '브랜드'의 힘은 막강한 것이다.

사실 인간에게도 브랜드가 있다.

예를 들어 류현진 선수의 브랜드는 '3박자를 구비한 투수'이다.

그는 팬들의 기대에 부응하는 것으로 자신의 브랜드를 키워나가고 있으며, 연봉도 나날이 상승하고 있다.

그렇게 될 수 있는 이유는 팬들에게 "류현진이라면 올해도 실망시키지 않을 거야" 하는 두터운 신뢰를 받고 있기 때문이다.

그밖에도 "영어라면 이 사람에게 맡기면 안심이다", "이 디자이너라면 틀림없다", "컴퓨터에 관해서라면 이 사람에게 물어보면 대부분 해결된다" 등등.

이와 같이 다른 사람들로부터 신뢰를 받으면 받을수록 그것이 바로 그 사람에게 브랜드 파워가 된다.

그리고 브랜드 파워가 강해지면 강해질수록 꿈도 실현하기가 쉬워진다.

왜냐하면 주위 사람들도 안심하고 그 사람에게 일을 맡기기 쉬워지기 때문이다.

남들로부터 "○○라면 이 사람에게 맡기면 틀림없다"는 것을 지니
는 것이 중요하다.

그것이 당신의 브랜드가 되는 것이다.

그 브랜드를 잘 키우자.

잘 키우면 키울수록 꿈을 실현하기가 훨씬 쉬워진다.

사소한 거짓말도 언젠가는 발각된다

잘 보이기 위해 거짓말을 하기보다
잘 되려는 노력을 하는 것이
결국은 자신을 위하는 것이 된다

사실은 중퇴인데 외국의 대학을 졸업했다고 학력을 속여 교수 자리를 박탈당한 대학교수가 있다.

그는 아마도 외국 대학이라면 거짓말을 해도 발각될 리가 없다고 생각했을 것이다.

누구든 자신을 잘 보이고 싶다는 생각을 할 것이다.

따라서 "발각될 리가 없을 거야" 하고 생각하면 자기도 모르게 거짓말을 하고 싶어지는 유혹에 빠진다.

특히 외국 대학의 제도 같은 것은 일반 사람들은 잘 모르기 때문에 거짓말을 해도 들키지 않을 것이라고 생각한다.

예를 들어 영국 대학의 경우 증서에는 몇 가지 종류가 있는데, 그 중 Certificate(수료증서)는 재적하는 것만으로도 받을 수 있다.

극단적으로 말하면 수업료만 내면 수업을 한 번도 듣지 않아도 받을 수 있다.

따라서 결코 학력 란에 기입할 수 있는 내용이 아니다.

발각될 리가 없다고 생각해도 언젠가는 발각되고 만다.

어느 부분에서 앞뒤가 맞지 않는 경우가 나오기 때문이다.

그 결과 그동안 쌓아온 신뢰를 잃는 엄청난 대가를 치르게 된다.

학력을 속인 결과 교수 자리를 박탈당한 형태로 나타나는 것처럼 언젠가는 세상 사람들로부터 외면을 당하게 된다.

학력에 열등감이 있다면 학력 이외의 것으로 자신의 가치를 확보하면 되는 것이다.

"잘 보이고 싶다"고 생각한다면 사소한 것이라도 거짓말을 할 것이 아니라 조금이라도 잘 되기 위한 노력을 하는 것이 중요하다.

그런 사람이 차근차근 신뢰를 쌓아 결국에는 꿈을 실현하는 것이다.

불필요한사람은
한 명이라도 만들면 안 된다

당신의 꿈을 과소평가하는 사람에게서 과감히 벗어나자

미국의 인기 강연가 브라이언 트레이시는 'make no useless acquaintance' 라고 말한다.

직역하면 '불필요한 사람은 만들어서는 안 된다' 는 뜻이 된다.

그러면 어떤 사람이 '불필요한 사람' 일까.

그것은 자신의 꿈을 실현하는 데 아무런 도움이 되지 않는 사람을 말한다.

'그냥 흘러가는 대로 살아가는 사람' 에게는 꿈이 없다.
따라서 다른 사람이 어떤 꿈을 갖고 그것을 실현하기 위해 노력하는 모습을 보면 옆에서 비판만 일삼는다.

"그런 건 무리야"

"네가 아무리 노력해도 그건 불가능한 일이야"

이런 말을 하며 주위 사람들의 꿈을 과소평가한다.

그러나 이런 말은 꿈을 실현하는 데 아무런 도움도 되지 않는다.
도움이 되지 않는 정도가 아니라 useless(불필요)하다.
이와 같은 말은 들으면 들을수록 "역시 어렵겠지?" 하고 생각하게
될 뿐 하등 도움을 주지 못한다.

'꿈을 실현하기 위해 노력하는 사람'은 역시 '꿈을 실현하는 사
람'과 사귀려고 한다.
왜냐하면 그런 사람을 만나면 서로에게 자극을 줄 뿐 아니라 자신
의 꿈을 실현하는 데 유익한 충고도 받을 수 있기 때문이다.

실제로 '꿈을 실현하는 사람'은 차근차근 자신의 꿈을 실현하기
위해 무진 애를 쓰며, 불필요한 사람을 만나는 것은 시간 낭비라고
생각한다.

당신이 자신의 꿈을 말했을 때 거기에 대해 "그건 무리야" 하고 당
신의 꿈을 과소평가하는 사람이 있다면 그 사람과 거리를 두는 것이
좋다.
그런 사람과 많이 만나면 만날수록 당신의 꿈이 실현될 가능성이
점점 낮아질 뿐이다.

사람은 신중히 선택하자
사람을 잘못 선택하면 자신이나 상대방 모두 낭패지만,
제대로 된 사람을 만나면 자신과 상대방 모두 향상된다

우리 인간은 매일 물을 마시며 살아가고 있는데, 누구나 알고 있는 바와 같이 물은 수소와 산소가 화합되어 이루어진 것이다.

수소만이나 산소만으로는 물은 만들어질 수 없다.

아무리 많은 양의 수소가 있어도 그것만으로는 물을 만들 수 없다.

그런데 같은 산소라도 질소와 화합해 버리면 산화질소가 되어 버린다.

특히 질소 2, 산소 1의 비율로 화합하면 이산화질소가 되어 인간에게 유해한 물질이 된다.

또 니트로글리세린 같은 폭발물도 원래는 산소에 탄소, 수소, 질소를 조합한 것이며, 인간에게 필요 불가결한 물의 원소인 산소와 수소를 함유하고 있다.

영어로 '궁합이 맞다'를 'chemistry works'라고 말하는 것처럼 인간관계도 일종의 화합물인 것이다.

A와 B가 힘을 합치면 '물'이 만들어질지도 모른다.
그런데 A와 C가 협력하면 '유독물질'이 생성될지도 모른다.
또 A, B, C 세 사람이 합쳐지면 '폭발물'이 될지도 모를 일이다.

현재 A씨는 50여 가지 자격증을 취득하고 있다.
그러나 그것을 좋게 평가해 주는 사람이 있는가 하면 "공부만 하는 재미없는 사람"으로 비하하는 사람도 있다.

A씨가 전자와 힘을 합친다고 하면 나의 장점이 드러나 좋은 반응을 얻을 수 있을지도 모른다.
그러나 후자와 협력하려고 해도 그 사람에게는 나의 장점이 약점으로밖에 비치지 않기 때문에 나의 장점은 전혀 드러나지 않을 것이다.
어느 쪽과 함께 일을 하는 것이 좋을지는 누가 보아도 확실할 것이다.

비즈니스든 개인적인 관계이든 인간은 교제하는 사람에 따라 도움을 받기도 하고 해를 입기도 한다.
따라서 자신을 고양시키는 것과 동시에 궁합이 맞는 사람을 발견하기 위한 노력을 계속해야 한다.

이상적인 인간관계를 구축하려면
납득할 수 없는 일을
그대로 두면 안 된다

납득할 수 없는 관계를 끊는 것은 자신뿐이다

아무리 사소한 일이라도 납득할 수 없는 일은 납득할 수 없다고 인정하고 절대 자신을 속이지 말아야 한다.

"이런 사소한 일로 화를 내는 것은 보기 흉한 일이다. 어른답게 참자"는 식으로 이상하게 자신을 속이는 버릇을 가지면 상대방도

"이 사람은 이 정도 일이라면 아무런 불평도 하지 않는 사람이다"

하고 아무렇지도 않게 피해를 줄 수 있다.

예를 들어 언제나 약속 시간에 늦는 사람이 있다고 가정해 보자.

처음에는 15분 늦었다.

그런데 당신은 아무런 불평도 하지 않았다.

두 번째도 15분 정도 늦었다.
역시 이번에도 당신은 아무 말도 하지 않는다.

세 번째도 15분 늦었다.
그래도 여전히 당신은 아무 말도 하지 않는다.

당신은 참고 있는 것이다.

"이런 사소한 일로 상대방을 다그치는 일 같은 건 하고 싶지 않다.
어른이니까 이런 작은 일은 참고 넘어가는 게 좋겠지.
분명 상대방도 반성하고 있을 테니까.
다음 번에는 꼭 약속을 지킬 거야"

그렇게 자신을 속이며 상대방에게 늦은 이유조차 물으려고 하지 않는다.
그러나 이런 생각을 반복하면 자신에게만 상처를 입힐 뿐이다.
은연중에 그 상대방은 당신을 우습게 보기 때문이다.

상대방은 "이 사람은 늦어도 그다지 신경을 쓰지 않는 사람이다" 하고 생각하며 반성 같은 것은 눈곱만큼도 하지 않는다.
말로는 "늦어서 미안하다"고 하지만 마음속으로는 깊게 생각하지 않는다.

이상적인 인간관계를 구축하려면 이와 같은 '경향'을 만들어서는 안 된다.

그러기 위해서는 자신이 납득할 수 없는 일은 그 단계에서 즉시 설명을 해야 한다.

상대방에게 설명을 요구하는 용기 있는 행동을 보여줌으로써 상대와의 관계가 개선될 수 있는 계기를 만들 수 있다.

또한 그런 것이 싫다고 한다면 미련 없이 헤어지는 것이 자신을 위한 길이 될 것이다.

좋지 않은 상황을 타개하려면 스스로 행동으로 보여 주어야 한다.
그러기 위해서는 납득할 수 없는 일은 그대로 두지 않는 것이 중요하다.

이상적인 인간관계를 만드는
첫 번째 조건은 좋지 않은 사람에게
연루되지 않는 것

나쁜 사람에게 속기 전에
그런 사람을 분별할 수 있는 안목을 갖추자

나쁜 사람에게 연루되어 전혀 예상치 않은 엉뚱한 일을 당하는 경우가 있다.

그러나 "속이는 사람도 나쁘지만 속는 사람도 나쁘다"는 말도 있는 것처럼 처음부터 나쁜 사람을 분별하여 가까이 하지 않으면 문제가 생기지 않을 것이다.

이상적인 인간관계를 유지하려면 먼저 교제하는 사람을 선택해야 하는데, 그 첫 번째 조건으로서 나쁜 사람에게 관련되지 않는 것을 들 수 있다.

그러면 어떤 사람이 나쁜 사람일까.

여기서 재미있는 이야기 하나를 소개한다.

개구리가 강에서 헤엄을 치고 있었다.
강가에서 놀고 있던 전갈이 헤엄을 치고 있는 개구리에게 이렇게
말했다.

"저쪽 강기슭까지 가고 싶어.
먹을 것을 줄 테니 그 대신 나를 등에 태우고 저쪽 강가까지 태워
다 줄래?"

개구리는 일언지하에 거절했다.

"싫어.
내 등에 널 태우고 강을 건널 때 나를 쏘아서 죽일 거잖아"

"그런 바보 같은 말이 어디 있어?
그런 짓을 하면 우리 둘 다 물에 빠져 죽을 텐데?"

전갈이 그렇게 말하자 그 말에 일리가 있다고 생각한 개구리는 전
갈이 부탁한 대로 자신의 등에 태우고 강을 건너기 시작했다.

그런데 전갈은 약속을 어기고 개구리의 몸에 독침을 찔렀다.
개구리는 깜짝 놀라서 물었다.

"왜 이런 바보 같은 짓을 하는 거지?

우리 둘 다 빠져 죽을 텐데"

그러자 전갈은 태연하게 이렇게 대답했다.

"왜냐고? 그건 내가 전갈이기 때문이지"

여기서 '전갈'은 인간관계가 악화되는 것을 아무렇지도 않게 생각하는 사람을 비유하고 있다.
상대방만이 아니라 자기 자신에게 상처를 입히는 것도 태연하게 할 수 있는 사람이다.

예를 들어 "두 번 다시 바람을 피우지 않겠다"고 맹세를 했으면서도 또다시 불륜을 저지르는 남자 같은 것이다.

이와 같은 '전갈'은 처음에 분별해 내는 것이 중요하며, 관계를 맺고 나서 상대방을 변화시켜 보려고 하는 시도는 무의미하다.

화가 머리끝까지 났을 때는 주의하라

화가 가라앉을 때까지 반응을 잠시 보류하자.
그것이 인간관계가 악화되는 것을 막는 비결이다

토머스 해리스는 인간의 마음에는 'parent', 'adult', 'child'가 잠재해 있다고 설명한다.

'parent'란 부모가 자식을 대할 때의 심적인 상태를 말한다.

부모는 자신의 가치관에 따라 아이를 야단치기도 하고 칭찬하기도 하며, 버릇을 가르친다.

그때의 심리 상태를 'parent'라고 하는 것이다.

한편 'child'는 그 반대이다.

아이가 부모를 대할 때의 심적인 태도이다.

아이는 부모에게 어리광을 부리거나 울며 보채기도 한다.

그때의 심리 태도가 바로 'child'이다.

어른이 되었어도 마음속으로는 'parent'와 'child'가 공존한다.

따라서 다 큰 어른이라도 자기 마음에 들지 않는다고 하여 금방 울며 소리를 지르는 사람이 있는데, 그것은 그 사람의 'child' 가 표면화한 것이라고 할 수 있다.

보통 "저 사람은 어린애 같다"고 말하는데, 그것은 그 사람의 'child' 가 표면화된 언동을 가리키는 것이다.

한편, 'parent' 가 표면화하기 쉬운 사람도 있다.
부하직원이 실수라도 하면 금방 화를 버럭 내는 사람이 있는데, 그것은 그 사람의 'parent' 가 표면화하고 있는 것이다.

풍부한 인간관계를 구축하려면 'parent' 나 'child' 를 표면화해도 괜찮을 때와 안 될 때를 구별하는 것이 중요하다.
'parent' 나 'child' 를 표면화해서는 안 될 때를 분별하여 여유 있는 태도를 취할 수 있게 해주는 것이 바로 'adult' 이다.

흔히 인간관계가 무너지는 것은 노여움에 자신을 내맡기고 'child' 나 'parent' 를 표면화시킨 결과이다.

예를 들어 마음에 들지 않는 메일을 받았다고 할 때, 잔뜩 화가 나서 곧바로 상대방을 비난하는 메일을 보내고 싶어진다.
그러나 그 행위 자체는 그 사람의 'child' 또는 'parent' 가 하는 것이다.

화가 머리끝까지 났을 때는 냉정하게 사물을 판단할 수 있는 상태가 아니기 때문에 종종 나중에 후회할 행동을 저지르게 된다.

    인간관계를 악화시키고 싶지 않으면 화가 났을 때 얼마 동안은 반응을 삼가야 한다.
    이는 바람직한 인간관계를 유지하기 위한 비결이다.

사람을 판단할 때는
'속인적(屬人的)' 이 아니라
'속시적(屬時的)' 으로 생각하자

작은 일로 판단해 버리면
그 사람의 장점이 보이지 않게 된다

심리학 용어에 '속인적', '속시적' 이라는 것이 있다.

'속인적' 이라는 것은 어떤 사람이 한 행위를 그 사람의 성격과 결부시켜 판단하는 것이다.

예를 들어 어떤 사람이 한 차례 마감 기한을 지키지 못했다고 가정해 보자.

그러면 '속인적' 으로 사물을 생각하는 사람은 "이 사람은 마감 기한을 지키지 못한 사람이다" 라고 말하며 '마감 기한을 지키지 못한 일' 과 '그 사람의 성격' 을 결부시켜 생각한다.

그러나 '속시적' 으로 사물을 생각하는 사람이라면 '한 번 마감 기한을 지키지 못한 일' 을 그대로 해석할 뿐 그 이상 의미를 두지 않는다.

분명 이 사람은 마감 기한을 지키지 못했다.

그러나 단지 그것만으로 그 사람을 '마감 기한을 지키지 못한 사람'이라고 판단하지 않는다.

어쩌면 정말 '마감 기한을 지키지 못한 사람'인지도 모른다.

그러나 실제로는 시간 관념이 철저한 사람인데 어쩔 수 없는 사정이 있어 마감 기한을 지키지 못한 것에 지나지 않는 것인지도 모른다.

그들은 그렇게 생각하는 경향이 있다.

'속인적'으로 사물을 생각하는 사람일수록 사소한 사례만 갖고 상대방에 대해 '이 사람은 이런 사람이다'라고 꼬리표를 붙여 버린다.

그러나 일단 그 사람에게 부정적인 꼬리표를 붙여 버리면 그 사람의 장점을 발견하기가 어려워진다.

예를 들어 사실은 시간 관념이 철저한 사람인데 부득이한 사정이 있어 마감 기한을 지키지 못했다고 가정해 보자.

그런데 "이 사람은 마감 기한을 지키지 못한 사람이다"라고 부정적인 꼬리표를 붙여 버리면 두 번 다시 그 사람에게는 일을 맡기고 싶어지지 않는다.

어쩌면 베스트셀러를 쓸 수 있을 정도의 능력이 있는 사람인지도 모른다.

그런데 부정적인 꼬리표를 붙여 버리면 더 이상 그 사람의 잠재 능력을 개발할 기회를 잃어버리는 것이다.

성공할 기회를 놓치지 않으려면 사소한 일만으로 지레 그 사람을 "이 사람은 이런 사람이다"라는 식으로 부정적인 꼬리표를 붙이지 않도록 해야 한다.

자신에게 플러스가 되는 사람, 마이너스가 되는 사람을 분별하자

미국의 어느 자기계발 서적에는 성공하는 사람과 보통 사람을 분별하는 가장 큰 요인은 어떤 사람과 교제하는가 하는 것이라고 지적한다.

만약 당신이 실패한 사람들하고만 교제하고 있다면 당신도 실패자가 되기 쉽다.

왜냐하면 실패한 사람들의 사고방식에 전염되어 버리기 때문이다.

반대로 만약 당신이 성공한 사람들하고만 교제한다면 당신도 성공한 사람이 되기 쉽다.

왜냐하면 자기도 모르는 사이에 성공한 사람들의 비결을 흉내내기 때문이다.

그렇게 생각하면 교제할 사람은 신중히 선택해야 한다는 것을 알 수 있을 것이다.

다른 사람을 비판하는 버릇이 있는 사람,
상황이 불리해지면 도망치려고 하는 사람,
함께 있으면 왠지 기분이 가라앉게 하는 사람 등등.

이런 사람들과 사귀면 사귈수록 당신 자신도 그런 사람이 되어간다.

사실 성공한 사람들은 고독한 경우가 많다.
여기서 고독한 사람이라는 것은 친구를 만들지 못하거나 공감 능력이 결여된 사람을 말하는 것이 아니다.
그런 것이 아니라 "진정으로 자신의 성장에 도움을 주는 사람들하고만 교제하는 사람"이라는 의미이다.

그러면 왜 성공한 사람들은 고독한 것일까.
그것은 그들이 교제할 사람을 신중하게 선택하기 때문이다.

예를 들어 보통 사람은 점심 때 함께 일하는 동료들과 식사를 하러 간다.
그 사람이 자신에게 도움이 되는 사람인가 그렇지 않은가는 상관 없이 함께 몰려서 밥을 먹으러 간다.
그런 까닭에 자신에게 해가 되는 사람과도 아무렇지 않게 어울리게 된다.

그런 면에서 성공한 사람들은 다르다.

성공한 사람들은 진정으로 자신에게 도움이 되는 사람을 엄선한다.

결코 아무하고나 교제하지 않는다.

상대방의 사회적인 지위나 명예 등과는 관계없이 자신에게 도움이 되는가 그렇지 않은가 하는 관점에서 교제할 사람을 신중하게 선택해야 한다.

비관적인 사람이나 불평불만이 많은 사람 등은 멀리하는 것이 좋다.

누구나 기대 이상의 일을 하면 좋아하고, 기대를 저버리면 싫어한다

기대를 저버리지 않는 배려가
이상적인 인간관계를 구축하는 비결이다

어느 성공한 상인을 소개한다.

그는 소도시에서 옥수수를 팔고 있었다.

어느 날, 그는 아들에게 옥수수를 12개씩 자루에 채우는 일을 시켰다.

아들은 아버지가 시키는 대로 자루에 옥수수를 12개씩 채워 넣었다.
아들의 작업이 끝나자 아버지는 모든 자루에 한 개씩 더 넣었다.

그것을 본 아들은 왜 한 개씩 더 넣느냐고 아버지께 여쭈어 보았다.
아버지는 빙그레 웃으며 이렇게 대답했다.

"옥수수를 팔 때는 1다스는 13개라고 생각해야 한다.

좋은 옥수수만 들어가지는 않으니까.

옥수수 알갱이에 껍질이 붙어 있는 것도 있을지 모르고.

그래서 하나 더 넣어두는 거란다.

손님들에게 손해를 입히고 싶지 않기 때문이지"

그는 고객이 손해를 보았다고 느끼게 되면 고객이 다른 가게로 옮겨갈 것이라는 것을 알고 있었던 것이다.

그래서 혹시라도 옥수수 중에 하나가 문제가 있더라도 고객이 손해를 보았다고 생각하게 하고 싶지 않았기 때문에 여분으로 넣어둔 것이다.

인간은 기대하고 있었던 것보다 더 많이 주는 사람을 좋아한다.

반대로 기대한 것보다 적게 주면 그 사람을 싫어하게 된다.

손해를 보고 싶은 사람은 없을 것이기 때문이다.

이것은 사업에만 해당되는 것은 아니다.

잔뜩 기대를 하게 해놓고 그 기대를 저버리면 당연히 그 사람에게서 달아나려고 할 것이다.

반대로 그다지 기대하고 있지 않았는데 기대 이상의 일을 해주면 다른 사람의 호감을 얻을 수 있다.

어떤 트러블이 생겨도
상대방의 자존심만은
상처를 입혀서는 안 된다

인간관계에서 트러블이 생겼을 때 그 트러블을 어떻게 처리하느냐에 따라 그 사람이 앞으로 풍요로운 인간관계를 구축할 수 있는가의 여부가 결정된다.

대부분의 사람은 감정적이 되면 무심코 상대방의 자존심에 상처를 입히는 말을 하기 시작한다.

그러나 일단 상대방의 자존심에 상처를 입히게 되면 그것으로 끝이다.

이제 그 사람과는 더 이상 좋은 관계를 유지할 수 없게 된다.

인간은 누구나 자신을 가장 소중하게 생각한다.

단체 사진을 받았을 때 맨 먼저 누구를 찾게 되는가?

당연히 누구나 자신의 얼굴을 가장 먼저 찾기 시작한다.

그것은 자신이 가장 소중하다는 것을 입증하는 좋은 예이다.
대부분의 사람은 다른 사람이 어떤 포즈를 취하고 찍었는지는 그다지 신경을 쓰지 않는데 자신만은 사진이 잘 찍혀 있기를 바라는 것은 무엇보다 자신이 소중하기 때문이다.

그런 '가장 소중한 자신' 을 어리석은 사람으로 만드는 인간은 아무리 훌륭한 사람이라고 해도 결코 바람직한 인간상이 아니다.
아무리 유명인에 박학다식한 학자라도 스스로 천대한다면 그 사람은 결코 존경받지 못할 것이다.

반대로 '미워하려고 해도 미워할 수 없는 사람' 이라는 것은 자신의 자존심을 높여 주는 사람을 말한다.
그런 사람이라면 설령 아무리 피해를 주더라도 좀처럼 미워할 수 없다.
왜냐하면 자신의 자존심을 높여 주는 사람이기 때문이다.

트러블이 생겼을 때 이것만 기억해 두면 된다.
아무리 화가 나더라도 상대방이 한 행위 그 자체만 비판해야 하며, 결코 상대방의 자존심에 상처를 입히는 말은 하지 말아야 한다.

상대방의 자존심에 상처를 입히게 되면 인간관계가 악화될 뿐 아니라 스스로 자신의 품격이 떨어진다는 것을 보여주는 것이 된다.

불성실한 취급을 당하면 거기에 대해 철저히 싸울 용기를 갖자

매슬로의 심리학 이론에 의하면 정신적으로 건강한 사람일수록 "남의 결점에 대해서는 매우 관대한 반면 정직하지 못한 것, 실언, 사기, 잔인함, 위선 등에 대해서는 매우 엄격하다"고 한다.

'결점에 대해 매우 관대한 태도를 취하는 것'은 간단한 것 같지만 실행하기가 아주 어렵다.

그러나 아무리 성실한 사람이라도 실수를 할 수 있으며, 결점 그 자체에 '악의'는 없기 때문에 너그럽게 봐줄 수 있는 관용을 갖도록 해야 할 것이다.

그런 한편 "정직하지 못한 것, 실언, 사기, 잔인함, 위선 등에 대해서는 매우 엄격하다"는 것도 실행하기는 매우 어렵다.

예를 들어 불행하게도 불성실한 사람과 얽혀 농락당했다고 가정해 보자.

그 책임을 추궁하려고 해도 좀처럼 굽히고 들어올 상대가 아니다.

이럴 경우 대부분의 사람은 어쩔 도리가 없다며 자신의 분노를 안으로 삭이고 만다.

그러나 그런 상황에서 자신의 감정을 속이면 그 분노가 마음속에 계속 남아 해결되지 않고 앙금처럼 가라앉는다.

따라서 좀 불편하더라도 상대방과 철저하게 싸울 용기를 갖는 것도 중요하다.

KFC의 창시자인 커넬 샌더스도 정직하지 못한 것을 가장 싫어한 사람이었다.

어느 날, 레스토랑에 가서 달걀을 바싹 구워달라고 했는데 막상 나온 것을 보니 한쪽 면만 구워져 있었다.

그래서 한쪽 면도 마저 구워달라고 했는데 다시 나온 것은 그 달걀을 살짝 뒤집은 것이었다.

그러자 그는 벌떡 일어나 주방까지 달려가 주방장에게 접시를 던져버렸다는 에피소드가 전해지고 있다.

그가 KFC를 세계적인 기업으로 키울 수 있었던 것은 그의 이러한 '정직하지 못한 것을 용납하지 않는' 성실함 때문이었다.

그는 전국 각지의 지점을 빠짐 없이 방문하여 레시피를 체크하고, 싸구려 재료를 사용하여 경비를 줄인 지점장을 그 자리에서 해고할 정도로 철저한 사람이었다.

무작정 접시를 던지거나 싸우는 것이 좋다는 것은 아니다.

다만

부당한 대접을 받았다면 거기에 맞서 싸울 용기를 갖는 것이 중요

하다.

"왜 거짓말을 했나요?",

"왜 이런 행동을 한 건가요?"

등으로 물어볼 용기를 가져야 한다.

그것은 결국 자기 자신을 소중히 여기는 행위인 것이다.

습관 6

행운을
가져 다주는
작은 습관

푸념을 할 때마다 행운은 도망가고, 푸념하는 것을 참을 때마다 행운이 찾아온다

푸념을 참으면 반드시 행운을 불러올 수 있는 좋은 기회를 맞을 수 있다

불운이라는 것이 있는 것처럼 생각한다.

그러나 그것은 스스로 불운을 초래하는 경우가 적지 않다.

예를 들어 프로야구 투수를 생각해 보자.

잘 던져 9회까지 불과 1점만 내주었다.

그런데 자기편 타선의 도움을 전혀 받지 못하여 1 대 0으로 패전투수가 되었다. 그 다음 시합도 자책점은 0이었지만 자기편이 실책을 범하여 실점.

이번에도 타자들의 방망이가 전혀 힘을 발휘하지 못하여 또다시 패전투수가 되고 말았다.

그 결과 6경기 내내 잘 던지고도 한 번도 승리투수가 되지 못했다.

프로야구에는 종종 이런 일이 발생하곤 한다.

문제는 그것을 어떻게 받아들이느냐에 따라 그 이후 행운이 찾아들지 불운이 찾아들지 결정된다는 것이다.

"타자들이 이렇게 못 치면 아무리 잘 던져도 결코 승리투수가 될 수 없을 것이다.
그런데 왜 하필 내가 던지는 날만 타선이 침묵하는 거지?
정말 운도 지지리 없군"

이렇게 푸념만 늘어놓으면 행운은 저만큼 달아나고 말 것이다.

"왜 하필 내가 던지는 날만 타선이 침묵하는 거지?" 하고 생각하면 아무 해결도 나지 않는다.

타자가 일부러 치지 않은 것이 아니기 때문이다.
치지 못하면 당연히 자신의 타율도 떨어지기 때문에 어떤 타자든지 잘 치고 싶다고 생각한다.
다만 치지 못했을 뿐이다.

그런데 "왜 하필 내가 던지는 날만 타선이 침묵하는 거지?" 하는 생각만 하고 있으면 노력하는 것이 점점 어리석은 일로 여겨질 것이다.
그리고 진지하게 연습할 마음도 사라질 것이다.
그 결과 멋진 피칭을 할 수 있는 투수라도 연습 부족으로 실력이 떨어지고 만다.
그렇게 되면 자기편이 5점 정도를 따준 경기도 상대방에게 6점이나 내줄지도 모른다.

　결국 또다시 패전의 쓴잔을 마셔야 한다.

　반대로 푸념을 늘어놓지 않고 스스로 할 수 있는 최대한의 실력을 집중했다고 가정해 보자.

　그러면 타자들도 "이 투수에게는 반드시 승리를 안겨주자" 하는 투지가 솟아오른다.

　그런 '분위기' 가 승리를 가져다준다.

　푸념만 늘어놓으면 행운은 달아나 버리고, 푸념하는 것을 참으면 참을수록 행운이 찾아온다는 것을 기억하자.

　푸념을 참을 수 있다면 반드시 행운을 거머쥘 수 있는 기회가 찾아올 것이다.

스스로 자신의 운세를 결정해 버리자

스스로 "난 운이 억세게 좋아" 하고 생각하면
정말 큰 행운이 찾아온다.
모든 것은 자신의 생각에 달렸다

"인간만사 새옹지마" 라는 말이 있다.

이는 이 세상에 일어나는 모든 사건은 처음에 '나쁘다' 고 생각했던 일이 나중에 전화위복으로 '좋은' 일이 된다는 것을 알게 된다는 것을 말한다.

살다보면 '나쁜 사건' 이라고밖에 생각할 수 없는 일도 적지 않게 일어난다.

악한 사람을 만나 사기를 당하거나 교통사고를 당하기도 하고 정리해고 대상이 되는 등등.

이런 일은 다른 것은 모두 배제하고 그 사건만 놓고 생각하면 '나쁜 사건'이라고밖에 생각할 수 없다.

대부분의 사람은 이런 사건을 만나면 '운이 나빴다'고 생각한다.

그러나 악한 사람을 만나 사기를 당했다고 해도 "그런 경험을 했기 때문에 앞으로는 두 번 다시 사기를 당하지 않도록 신중하게 행동할 수 있다"고 생각할 수도 있다.

또 정리해고를 당해도 "나하고는 맞지 않는 일을 더 이상 하지 않아도 된다. 이젠 나한테 딱 맞는 일을 찾을 수 있는 기회를 갖게 되었다"고 생각할 수도 있을 것이다.

그렇게 생각하면 '나쁜 사건'으로만 보이던 일도 장기적인 안목으로 보면 '좋은 사건'이 될 수 있을 것이다.

이 세상에서 일어나는 일을 하나씩 떼어놓고 생각하면 운이 따라준다든가 따라주지 않는다는 등으로 양면적으로만 생각할 수 있다.

그러나 하나하나의 사건에 일희일비하지 말고 '나쁜 사건'이 발생했다는 생각이 들 때 그것은 보다 '좋은 사건'이 일어나기 위한 전제조건이라고 생각하는 것이 바람직하다.

"모든 것은 좋은 방향으로 흘러간다"

그렇게 믿을 수 있다면 당신은 분명 '억세게 운이 좋은 사람'이 될 수 있다.

예를 들어 '나쁜 사건'이 일어나도 그것은 단지 '좋은 사건'이 일어나기 위한 전제조건에 지나지 않는다고 생각할 수 있게 되기 때문이다.

비판을 받아도 반론을 가하지 않고 가만히 있으면 행운이 찾아온다

누구든 비판을 받으면 즉시 반론을 가하고 싶어질 것이다.

특히 그 비판이 부당하다고 여겨지면 너무도 화가 나서 곧장 그 사람을 비판하고 싶어진다.

만약 정당한 비판이라고 해도 비판받는 자체를 즐거워할 사람은 아무도 없을 것이다.

누구든 자신이 가장 소중하기 때문이다.

자신을 지키고자 하는 마음은 본능에 가깝다.

당연히 자기 변호를 시작한다.

"당신이 말한 그대로입니다" 하고 솔직하게 비판을 받아들이는 사람은 아무도 없을 것이다.

혹시라도 그런 사람이 있다고 해도 자신을 비판하는 사람을 원망스럽게 생각할 것이다.

K씨도 비판을 받고 완전히 이성을 잃은 적이 있었다.

어느 신문사에 K씨 글이 실렸는데, 얼마 지난 뒤 바로 그 신문에 K씨 의견이 천박하며 독단과 편견으로 가득 차 있다고 신랄하게 매도한 어느 여성의 기사가 실렸던 것이다.

K씨는 비판을 받고 있다는 것을 알고 난 뒤 며칠 동안은 너무도 화가 나서 밤에 잠을 잘 수도 없을 정도였다.

K씨가 용서할 수 없었던 것은 K씨 의견이 독단과 편견에 가득 차 있다고 매도당한 것이었다.

K씨는 완전히 이성을 잃고 그 기사에 반론을 가할 생각으로 그 신문에 그녀에 대한 비판 글을 써 보냈다.

결국 그 글은 게재되지 않았지만….

그러나 인격을 비판받았다고 하여 길길이 뛰며 반론을 제기한들 돌아오는 것은 아무것도 없다.

순수하게 토론을 할 수 없다면 그야말로 말장난에 그치고 말 것이기 때문이다.

남에게 비판을 받았다면 데일 카네기의 "비판은 어떤 어리석은 사람이라도 할 수 있다. 어리석은 자일수록 비판하는 것을 좋아한다"는 말을 상기해 보자.

훌륭한 사람으로 평가받고 있는 사람이 남을 비판하는 경우는 매우 드물다.

왜냐하면 비판을 하는 것이 자신을 위한 것이 아니라는 것을 알고 있기 때문에 그런 하찮은 일에 시간을 낭비한다는 것은 어리석은 일이라고 생각하기 때문이다.

그들은 그럴 시간이 있으면 자신을 연마하는 일에 쓸 것이다.

남에게서 비판을 받았다면 빙그레 웃고 그 사람에게서 재빨리 벗어나도록 하자.

반론을 가하지 않고 그냥 내버려두면 그 사람도 두 번 다시 비판을 가해오지 않을 것이다.

그리고 그와 더불어 행운이 찾아올 것이다.

실패한 횟수 따위는 관계없다
몇 번 실패해도 좋다

성공을 믿고 몇 번이고 도전해 보자

꿈을 실현하고 있는 사람이라고 해서 '실패하지 않는 사람'이라고 단언할 수는 없다.

그들은 보통 사람보다도 실패한 횟수가 훨씬 많다.

그들은 실패를 거듭했지만 결코 자신의 꿈을 포기하지 않았을 뿐이다.

바꾸어 말하면 '실패를 개의치 않는 사람'인 것이다.

그들은 실패를 해도 절대 좌절하지 않는다.

"이렇게 하면 일이 잘 풀리지 않는다는 사실을 깨달았다"며 실패를 진취적으로 받아들이고 실패할 때마다 방법을 바꾸어 다시 도전한다.

그들은 그런 식으로 끊임없이 도전하여 꿈을 실현해 나가고 있다.

결코 실패를 경험하지 않고 단번에 성공한 것이 아니다.

예를 들어 컴퓨터 달인들은 누구보다도 컴퓨터를 안고 씨름한 사람들이다.

수도 없이 매뉴얼을 뒤지거나 작동이 잘 안 되면 지원센터에 이틀이 멀다 하고 전화를 걸어 본다든가 하는 식으로 말이다.

자신이 의도한 대로 잘 되지 않아도 포기하지 않고 컴퓨터 기술을 연마해 나갔기 때문에 컴퓨터 달인이 될 수 있는 것이다.

J씨는 50권이 넘는 저서와 역서를 출판하고 있다.

주위 사람들로부터도 자주 "J씨는 자신의 꿈을 실현하고 계신 것 같네요. 정말 멋져요" 하고 부러움을 사고 있다.

그러나 J씨가 제출한 기획안이 언제나 통과하는 것은 아니다.

오히려 외면당하는 것이 압도적으로 많다.

다만 J씨는 아무리 외면당해도 좌절하지 않고 계속해서 기획안이나 원고를 제출할 뿐이다.

결코 쉬는 일 없이…. 금방이라도 주저앉고 싶을 만큼 계속 외면당해도 그것을 '개의치 않을' 뿐이다.

실제로

실패한 횟수로 남을 평가하는 사람은 없다.

남들이 평가하는 것은 성공한 횟수뿐이다.

열 번 실패해도 한 번 성공하면 그 한 번의 성공이 평가를 받는다.

실패를 개의치 않는 것.

그것이 바로 꿈을 실현하는 사람의 비결인 것이다.

꿈을 실현시키기 위한 아이디어는
떠오른 즉시 메모해 둔다

누구에게나 기발한 아이디어는 떠오른다.
그것을 메모하는가 그렇지 않은가에 따라 큰 차이가 난다

기발한 아이디어는 언제 갑자기 떠오를지 모른다.
종종 좋은 아이디어는 생각지도 않았을 때 떠오르는 법이다.

책상에 앉아 "뭐 좋은 아이디어라도 없을까" 하고 머리를 쥐어짤 때는 오히려 아이디어가 떠오르지 않는다.

침대에 누워 잠이 들려고 할 때,
아무 생각 없이 윈도쇼핑을 하고 있을 때,
뭔가 다른 작업에 열중하고 있을 때,
친구와 얘기를 나누고 있을 때 등등.
이런 때 문득 좋은 아이디어가 떠오르곤 한다.

그럴 때 "이건 정말 좋은 아이디어인 것 같아. 기억해 둬야지" 하

고 생각해도 대부분의 경우 순식간에 사라져 버린다.

사실은 꿈을 실현하는 사람이나 그렇지 않은 사람도 평소 생각해내는 아이디어의 질이나 양은 별로 차이가 없다.

차이가 있다면 꿈을 실현하는 사람은 그것을 메모해 두었다가 하나씩 실행에 옮긴다.
아무리 사소한 일이라도 좋다.

예를 들면 이런 것이다.

- 내일 친구인 A에게 전화를 해보자.
- 새로운 기획안을 내보자.
- 서점에 가서 ○○에 관련된 책을 찾아보자.

이런 내용을 메모해 두면 신기하게도 실천할 가능성이 높아진다.

결국
꿈을 실현하는가 그렇지 않은가의 여부는 이런 '누구라도 할 수 있는 사소한 일'을 하나씩 실제로 해보는가 아닌가에 달려 있다.
꿈을 실현하는 데 도움이 된다고 생각되는 것은 열심히 메모해 두자.
그리고 그것을 하나씩 실행에 옮겨 보자.

꿈을 실현하기 위한 '마법의 지팡이' 따위는 존재하지 않는다

소박하게 열심히 노력하는 것이
꿈을 실현하기 위한 지름길이다

자기계발 세미나 중에는 수강료가 아주 비싼 것도 있다.

"단 하루 세미나를 듣는 것만으로도 당신의 인생이 180도 바뀐다"
"이 세미나는 몇 십만 원의 가치가 있다" 등등.

특히 유명인사가 추천하기라도 하면 자기도 모르게 참가하고 싶어지기 마련이다.

자신감을 잃어버린 사람이나 현재 상태에 불만이 있는 사람 등은 이런 세미나를 통해 자신의 삶이 완전히 바뀔 것이라고 생각하며 참가한다.

대부분의 세미나는 양심적으로 치러지고 있다고 생각하지만 돈을 벌기 위한 목적으로만 열리는 세미나도 적지 않으며, 그런 세미나에 아무런 의심도 품지 않고 참가하는 사람들은 흔히 '마법의 지팡이'를 기대할 것이다.

물론 참가하는 것이 무조건 나쁘다고 말하는 것은 아니다.

그러나 세미나를 듣는 것만으로 모든 것이 '순식간에 바뀔 것이다'라고 생각한다면 그것은 잘못된 생각이라는 것을 지적하고 싶다.

애당초 본인의 주체적인 노력 없이 한두 번의 세미나에 참가하는 것만으로 모든 것이 완전히 바뀌는 일은 절대 있을 수 없다.

예를 들어 작가 지망생이 세미나에 참가했다고 해서 어느 날 갑자기 베스트셀러를 쓸 수 있을까.

영업 실적이 좋지 않아 고민하던 사람이 순식간에 잘나가는 영업사원이 될 수 있을까.

절대 그런 일은 없다.

결국 꿈을 실현할 수 있느냐 없느냐 하는 것은 전적으로 본인의 노력에 달려 있다.

세미나는 그러기 위한 하나의 보조 수단에 지나지 않으며, 그것만으로 모든 것이 확 변할 리는 없다.

"180도 달라지고 싶다"는 생각은 갖지 않는 것이 좋다.

모든 사물은 조금씩 변화되어 간다.

그리고 그 한 걸음 한 걸음 걸어가는 것은 다른 누구도 아닌 바로 자기 자신이다.

오늘 한 걸음, 내일도 한 걸음, 그리고 그 다음 날도 또 한 걸음…
그런 노력이 차곡차곡 쌓였을 때 비로소 커다란 변화를 기대할 수
있다는 것을 반드시 기억하기 바란다.

작은 성공 체험이 쾌감을 안겨준다

커다란 성공을 목표로 한다면
인내심을 갖고 작은 성공 체험을 쌓아 나간다

두세 차례 실패한 것만으로 당장 "더 이상 못하겠다"며 내던져 버리는 사람이 있다.

그런 반면 몇 십 번을 실패해도 "이번에야말로 꼭 성공해 보이겠다"며 의지를 내비치는 사람이 있다.

그 가장 좋은 예가 저 유명한 에디슨일 것이다.
그는 백열전구를 발명하기까지 1만 회 넘게 실험을 반복했다고 한다.

왜 그렇게까지 인내력에 차이가 있는 것일까.
그것은 과거의 성공 체험에 차이가 있기 때문이다.

예를 들어 "세 번 실패한 뒤 네 번째에 성공"이라는 성공 체험이

한 번이라도 있는 사람이라면 무슨 일이든 적어도 4~5회 정도는 도전할 것이다.

왜냐하면 '세 번 실패'가 '영원한 실패'라고 생각하지 않고 있기 때문이다.

과거에 J씨가 아직 작가를 목표로 여러 잡지에 투고하던 무렵의 이야기이다.

운 좋게도 처음 투고한 원고가 잡지에 게재되었다.

맛을 본 J씨는 잇따라 투고를 하기 시작했다.

그런데 두 번째도 퇴짜, 세 번째도 퇴짜, 네 번째도 퇴짜… 보내는 원고마다 여지없이 퇴짜를 맞았다.

"이젠 그만두어야 하나" 하고 생각하던 무렵, 20번째 원고가 또다시 잡지에 실렸다.

그렇게 되자 점점 신이 나서 다시 열심히 투고하게 되었다.

그런 체험을 통해 J씨는 "스무 번 정도 연속해서 퇴짜를 맞아도 그다음에는 게재될지도 모른다"는 것을 몸으로 익힌 것이다.

아직 자신의 글이 대중 매체에 한 번도 실리지 않은 사람이라면 "내가 쓴 글이 채택될 리가 없지" 하고 체념할 것이다.

그런데 J씨는 작은 성공 체험을 쌓아온 덕분에 "스무 번 정도 연속해서 퇴짜를 맞아도 절대 포기하지 않아" 하는 인내력이 생긴 것이다.

인내력을 기르려면 어떤 일이라도 좋으니 작은 성공 체험을 쌓아 나가기 바란다.

'몇 차례의 실패'가 '영원한 실패'가 아니라는 것을 배울 수 있다. 배우면 배울수록 놀랄 만큼 인내력이 생기며, 그로 인해 큰 꿈도 실현하기가 매우 수월해질 것이다.

자신의 일만 생각하면
행운은 달아난다
그러나 자신의 일을 잊고 노력하면 행운이 찾아든다

비관적인 사람, 불평불만이 많은 사람 등은 그 근본적인 원인이 자신에게 있다는 것을 알지 못한다.

대우가 나쁘다,
다른 사람 책임이다,
운이 따라주지 않는다 등등.

그러나 그렇게 생각한다는 자체도 잘 살펴보면 자신의 일만 생각하고 있기 때문이다.

이것을 바꾸어 말하면 다음과 같이 될 것이다.

"좀 더 대우가 좋아지면 좋을 텐데"

"인간관계가 좀 더 원만해지면 좋을 텐데"
"좀 더 운이 따라주면 좋을 텐데"

이렇게 바꾸면 이 사람은 결국 자신의 일만 생각하지 않고 있는 것이다.

케네디 대통령의 취임 연설 중에 다음과 같은 문구가 있었다.

"국가가 자신에게 무엇을 해줄까 묻지 말라.
그 대신 자신이 국가를 위해 무엇을 할 수 있는지를 생각하라"

이 말을 일상생활에 적용해 보면 어떨까.

"회사가 나에게 무엇을 해줄까"를 생각하지 말고 "내가 이 회사를 위해 무엇을 할 수 있을까"를 생각하는 것이다.

"친구가 내게 무엇을 해줄까"를 생각하지 말고 "내가 친구에게 무엇을 해줄 수 있을까"를 생각하는 것이다.

다시 말해서 자신의 일을 첫 번째로 생각하는 것을 그만두고 다른 사람을 첫째로 생각하는 것이다.

신기하게도 그런 마음을 갖고 살아가면 자연히 운도 따라준다.
왜냐하면 누구든 자신의 일을 소중하게 생각해 주는 사람에 대해서는 자연히 은혜를 갚고 싶다는 생각을 하기 때문이다.

어느 사장이든 자신을 제쳐두고 회사를 위해 전력투구하는 사원을 보면 소중하지 않을 수 없는 것이다.

결국
"다른 사람에게 무엇을 해줄 수 있을까"를 첫 번째로 생각하는 것은 자신에게 최선을 다하는 것이 된다.
왜냐하면 저절로 행운이 굴러들어올 테니까….

자신을 첫째로 생각하는 사람에게는 아무도 가까이하지 않는다

자신과 관련된 사람 전원이 만족할 만한 관계를 추구하는 것이 행운을 불러온다

J씨는 기본적으로는 혼자서 일을 하고 있지만 바쁠 때는 조수에게 일을 부탁하는 경우도 있다.

그럴 때 J씨가 가장 먼저 염두에 두는 것은 '쌍방이 모두 만족할 것'이다.

현재 J씨의 수입원은 단행본 인세가 거의 대부분을 차지하고 있다.

그런데 단행본의 경우 많이 팔릴수록 많이 벌 수는 있지만 일반 사람들이 생각하는 것만큼 많이 벌지는 못한다.

그 수입에서 조수의 수고비를 지출해야 하는데, 그다지 많이 나오지 않을 때는 J씨가 번 돈의 대부분이 나간다.

다시 말해서 "수고비를 조금 줄수록 J씨한테는 도움이 된다"는 것이다.

이런 생각은 어느 회사의 경영자든 모두 같을 것이다.

다만 J씨가 조수에게 맡기는 일은 위탁 업무에 지나지 않기 때문에 J씨 마음에 들지 않으면 "더 이상은 일을 줄 수 없을 것 같아요" 하고 말하면 그것으로 관계를 정리할 수도 있다.

또는 맡긴 일에 대해 이런저런 핑계거리를 찾아 보수를 깎을 수 있을지도 모른다. 그러나 그런 행동을 하면 얼마 지나지 않아 그 사람은 J씨 곁에서 떠나갈 것이다.

모든 인간관계 속에서 "자신은 만족해도 상대방은 불만스럽게 생각하고 있다"는 관계를 구축하면 그 관계는 오래 지속할 수 없을 것이다.

반대로 '쌍방이 만족하는 관계'가 구축되면 설령 단기적으로는 '손해'라고 생각해도 장기적으로는 자신을 위한 일이 된다.

예를 들어 그 사람이라면 업무 이외의 일이라도 나에게 유익한 정보를 제공해 줄 수 있을지도 모른다.

또는 다른 사람을 소개해 줄지도 모른다.

신뢰가 두터워질수록 신뢰의 폭도 넓어지며, 행운이 찾아올 가능성도 커질 것이다.

'쌍방이 만족하는 관계'를 구축할 것.

그것이 행운을 불러오는 기반을 구축해준다는 것을 반드시 기억하기 바란다.

서른살이 되기 전에 알았으면 변했을 작은 습관

: 20대, 나만의 습관을 만들어라

1판 1쇄 발행 2022년 1월 10일
편저 강준린 펴낸곳 북씽크 펴낸이 강나루
주 소 서울시 서초구 명달로 24길 46, 302호   전 화 070-7808-5465
등록번호 제206-86-53244
ISBN 978-89-97827-56-5   이메일 bookthink2@naver.com
Copyright   ⓒ 2022 강준린